Crimen de Cuello Blanco
¿Verdad? ó
¡No lo es Así!

Crimen de Cuello Blanco ¿Verdad? ó ¡No lo es Así!

COMPATRIOTAS ESTADOUNIDENSES

Por La Dra. García, A. I.

Count on us when you need us

Traducido del Ingles "WHITE COLLAR CRIME IS IT? OR IS IT NOT!

ISBN: 13:978-1-7328471-0-1 English Softcover 2018

SBN: 13: 978-1-7328471-4-9 ESPANOL PASTA DURA

ISBN-13: 978-1-7328471-3-2 ESPANOL PASTA BLANDA

ISBN: 13: 978-1-7328471-5-6 ESPANOL kp e-Book

10 9 8 7 6 5 4 3 2 ... 1

Indice

Escribo esto gracias a *DIOS TODOPODEROSO*, y

con el apoyo de una sola persona, "mi *Madre*",

que ha estado ahí conmigo en soperte espiritual.

Escribo esto para ayudar a otros que están en

la misma situación, no como prisioneros,

pero como la familia y amigos de algunos

seres queridos, entonces estarán con ellos y los

ayudarán a pasar a través de esos tiempos sin

estar solos.

No dejes que esto te pase a ti.

"¡Solo Porque Pueden!"

1

Compañeros
Estadounidenses

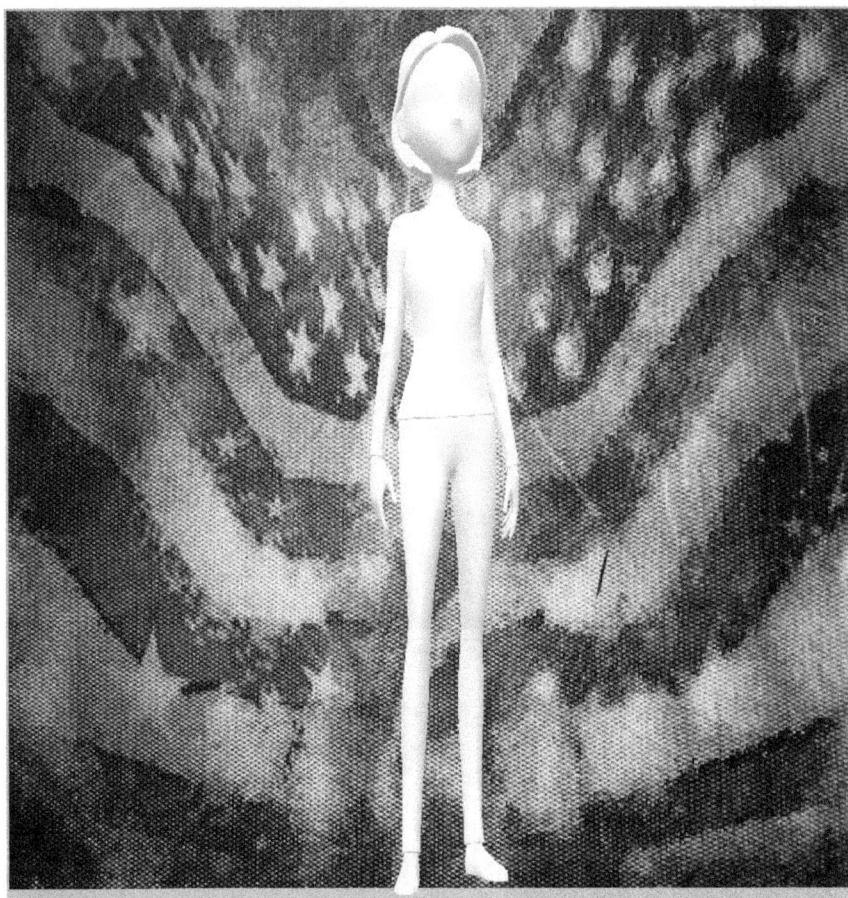

Compañeros Estadounidenses

YO aprendí desde temprana edad por un Veterano, de la Segunda Guerra Mundial y la Guerra de Corea. "Mi padre", un gran hombre que respeté y admiré. Aprendí mucho de él; él nos hablaba sobre los trucos y el comportamiento involucrados en muchos casos legales, más casos que menos.

El nos decia. "No te confies de nadie, especialmente en todo lo que dicen sobre los derechos."

El nunca quizo que cresieramos en los estados unidos. El nunca nos hablo en inglés o nos ayudo a aprender el lenguaje, para hacegurarze de que no volvieramos aquí. No se vayan a enlistar en el servicio de este país o descubriran que los usan y más tarde si no les caes bien, ellos te hechan al hoyo.

¡Solo, Porque Pueden!

¡Continuemos y veamos eso ...!

Mis conciudadanos estadounidenses "Vamos a proteger a nuestro país, protejamos a Estados Unidos". Ha pasado demasiado tiempo para que continuemos que esto suceda repetidamente, sin importar el color o la raza.

Quiero dejar que se conozca tal como es, sin la mentira de "Corrección política", ya que sí recuerdo cuando esto comenzó a ser la "nueva era", todos han olvidado la Verdad y la Ley de Dios. Es por eso por lo que nadie quiere decirlo. Todos ellos tienen miedo del que diran.

Escribo esto para liberarme de mi enojo y al mismo tiempo dárselo todo a Dios. Además, tengo la intención de abrir la verdad a mis conciudadanos estadounidenses sobre el actual Departamento de Justicia y traer de vuelta "**el temor a Dios**" más una petición real a el presidente Donald Trump, por un Perdón completo.

Como he continuado con mi vida, y el FBI y otras autoridades me siguen siguiendo cada paso de mi vida, en consecuencia, han detenido toda la justicia. Cada archivo de la corte, archivo que es derrotado antes de dejarme hablar. Entonces, no puedo conseguir un trabajo o ir a una tienda o consultorio médico sin que ellos le cuenten a la gente a mi alrededor sobre mi caso y me hostiguen para que no me contraten. Si bien protegen a las personas de otros países que viven en nuestro país, mientras tanto estoy siendo discriminada, y su excusa es, bueno, usted tiene acento y, usted es hispana y no parece. "¿Qué aspecto tiene un estadounidense? Alternativamente, ¿un hispano? "

Muchos de nosotros no somos culpables. Al menos no más que otros que están afuera y que aún no han recibido una acusación formal. Las personas que han hecho el mal son intocables. Por qué, porque trabajan para el gobierno, y nosotros somos para ellos quienes llenarán sus cuotas con *"carne fresca"* como gritan cuando ingresas al grupo general en la cárcel del condado. Es hora de que los ciudadanos de E. U. Se unan y detengan este #ME TOO @USACitizensRights. Todos hemos visto este comportamiento encontra de los nuevos funcionarios de la administración. Los officiales de el FBI configurará cargos y si no encuentran lo que están buscando; luego, otro cargo se presentará, más algo completamente diferente. En caso de que esto no funciona, los amenazan con procesar a otra persona de su familia "¿Por qué?

"¡Solo, Porque Pueden!"

Mientras que los Clinton y "otros" han sido intocables, y parece que el Departamento de Justicia que crearon tiene miedo de quienes los ponen en el poder. Las Agencias de Justicia y sus oficiales, que forman nuestro Gobierno, te persiguen si les da la gana y dicen:

"¡Oh, me heriste mis sentimientos, y ya no creo que me caes bien! No tendrás una vida ahora. Es solo para nosotros decidir en qué perseguirlo. Incluso si no hicieras nada, lo haríamos aparecer como que lo hiciste.

Incluso si la ley dice, eso no es un crimen. Haremos que parezca como es

¿Por qué?

"Solo, Porque Podemos"

Todos han hecho algo en su vida y es es sólo para nosotros que decidamos qué usar en su contra."

Tenga en cuenta que el 69% o más de los ciudadanos estadounidenses son de una u otra manera, desde jóvenes hasta ancianos, ya son marcados como "delincuentes condenados". Sin embargo, los ilegales no son considerados criminales. Eso es para mantener sus cuotas en prisión, y en su mayoría persiguen al jefe de la familia y los republicanos, porque quieren evitar que voten y así obtener más poder como demócratas. ¿Por qué, esto siempre pasa cuando los demócratas estan en control?

Quienes piden que los inmigrantes vengan a este país sin preocuparse por todos los ciudadanos estadounidenses que viven en a la calle y se quedan sin trabajo y sin hogar, deben abrir sus propias casas y dejarlos que entren a su propia casa, a los mismos ilegales de que están luchando por mantener en este país y darles su trabajo. No puedes tenerlo de ambas maneras. Pues no se puede de las dos cosas.

"¡Solo, Porque Podemos!"

"Nosotros podemos accusarte de algo, no importa que, y robar todas sus pertenencias a través de la corte por lo que paresará que tenemos el derecho. Vamos a darle un abogado designado por la corte, y él o ella van a llamar a sus hijos y familia, y los asustaran dejandolos lejos de usted y usted no tendrá a nadie que este de su lado. Haremos que su amigo y su familia digan..."

"A la gente no nos importa. Mejor que tú, dirás. Sin embargo, no comprende que usted o alguien cercano a su familia será el próximo. "Tú, la gente, eres culpable". Tuviste el poder de votar y juzgar en una sala del tribunal ... ¿Crees que todo esto es correcto? No, bueno, ¡no los elijas! ¿Por qué les dejamos hacerlo? Traer de vuelta a;

"Inocente hasta que se demuestre su culpabilidad, "no culpable hasta que se lo forzen inconstitucionalmente a declararse culpable"

* * *

Así como una tasa de condenas del 99% va en contra de un sistema legal legítimo y protegido por la Constitución, el número de delincuentes convictos en los EE.UU. la creencia generalizada de que Estados Unidos es la "tierra de los libres", ~~Así Es Que Debe Ser De No Sorpresa, Eso Enseña De Información En Exactamente Cien Muchos De "Las Gente Más Libre En El Mundo Han Sido Condenadas Por Su Propio País" Mientras Semejantemente Y Embarazozo Que Los Estados Unidos El Acto Profundo "Tierra De La Libertad," Es El Indiscutible Líder Mundial En Ambos Número Y Porcentaje De Gente Encarcelada.~~ *Publicar el número de delincuentes condenados, en decenas de millones, va en contra de la narrativa oficial y solo serviría para avergonzar a quienes están a la cabeza de lo que pasa por justicia en Estados Unidos. Copyright © 2002-2017,,*

OpEdNews

https://www.opednews.com/articles/how-many-Convicted-Felons-by-Barry-Sussman-Crime_Criminal_Disenfranchisement_Felons-140507-368.html

93 Según la Oficina de Estadísticas de Justicia del Departamento de Justicia, ~~el tiempo promedio que los primeros delincuentes encarcelados sirven en las penitenciarías estatales es solo más de dos años.~~ *Más de 600,000 presidiarios son liberados cada año.*

En 2016, aproximadamente 6.1 millones de personas en los Estados Unidos (2.5% de la población en edad de votar, excluyendo DC) no pudieron votar debido a una condena por delito grave ~~un aumento de 1.2% de el total de 2010 de 5.85 millones y el número más alto desde el menos 1960. 4 de octubre de 2017.~~

Número De La Poblacion Que No Pueden Votar Debido A Alguna Conviccion Y Delito Grave...
93 https://felonvoting.Procon.org/View.resource.php?ResourceID=000287

"¡Lo siento mejor tu que yo, te diran tus amigos!" Es lo que los oficiales me dijeron.

También, mejor aún, tu amigo será nuestro informante, y podemos mantenerte en la cárcel hasta que te pudras ahí, dejándote perder en el sistema o hasta que acepte una Súplica a lo que queremos, incluso si no ha hecho nada ilegal. Eso no importa frente a la corte. Tenemos nuestro fiscal llenando una cuota. Tenemos los abogados designados para su defensa que pagamos "con sus impuestos". Por lo tanto, trabajarán para nosotros y no para usted. Ellos nunca te defenderán. Quieren obtener más casos para que ignoren la ley hasta que se declaren culpables. Incluso si la ley dice una cosa, la ley no funciona dentro de la corte, y dentro de los muros de la corte,

"El Juez hace la ley ".

"Literalmente, lo qué la juez me dijo en la corte".

Enmienda 7

En tratados de derecho común, donde el valor en controversia excederá los veinte dólares, el derecho de prueba por jurado se conservará, y ningún hecho juzgado por un jurado, será reexaminado de otra manera en cualquier Corte de los Estados Unidos, luego de acuerdo con las reglas de la ley común

"Vamos a establecer el papeleo. Negaremos a su familia y amigo para que lo visiten. Temerán incluso decir su nombre, y le dirán ".

"NO QUEREMOS INVOLUCRARNOS ".

El sistema (funcionarios judiciales) la perderán en el sistema, por lo que nadie puede encontrarla ni siquiera su familia, no sabrán dónde está. La corte nombrará abogados que en su lugar lo acusarán y perseguirán. Creerás que están aquí para ayudarte, pero no trabajan para el sistema judicial, al final, ellos decidirán quién te respaldará y cuánto se les pagará. Los abogados dirán tantas cosas terribles sobre usted al juez, que nadie la reconocerá. Los guardias te tendrán aterrorizada dentro de la cárcel. El sheriff pondrá medicamentos para matarte, e incluso si te niegas a tomarlos, te acusarán de llevar el medicamento contigo, y eso es delito de contrabando *"otro más".* Tienen encubierto oficiales de policía que simulan ser reclusos. Luego, en la cárcel, los guardias médicos le darán una pastilla a su pertenencia y les dirán a los guardias dónde encontrarla, y la señalarán cuando esté tan enfermo para mudarse y, por lo tanto, le establecerán un nuevo delito grave por contrabando. "

" Entonces te pondrán en solitario. Tenemos un oficial que te aterrorizará cada veinte minutos. Encerrándote en un lugar en la esquina de la celda

fría y sin un calentador que trabaje, abandonada y rodeada de borrachos y asesinos. Buena suerte". ¡No saldras de ahí hasta que obtengamos tu declaracion de culpabilidad!"

Enmienda 7

En los pleitos de derecho común, donde el valor en controversia excederá de veinte dólares, se preservará el derecho de juicio por jurado, y no se probará ningún hecho por parte de un jurado, será reexaminado de otra manera en cualquier Corte de los Estados Unidos, luego de acuerdo con las reglas de la ley común.

Enmienda 8

No se exigirá fianza excesiva, ni se impondrán multas excesivas ni se impondrán castigos crueles e inusitados.

La fruta a menudo crece durante dificultades abrumadoras. La fe crece mejor en días nublados. Sin embargo, aún en estas circunstancias, haría un requisito escolar para poder graduarse de la facultad de derecho y actuar como abogado. Servir tiempo en la cárcel o prisión, ya que los médicos hacen sus pasantías como un requisito. Los abogados deben sentir lo que significa ser perseguido y enviado a la prisión como un requisito para graduarse.

"Lo más importante es que la cárcel o prisión no tiene idea de que él y ella es un estudiante, sino simplemente otro recluso. Esto, le hacen esto a los doctores, ¿verdad? Tienen que servir un tiempo antes de convertirse en médicos, los contadores no se gradúan y se convierten en controladores ".

Continuando con todo lo qué me dijeron...

"No le diremos de qué la acusamos, y permanecerá durante diecisiete meses o más. Como dirá su abogado nombrado. "

"Usted es culpable, culpable, culpable; no saldrás de aquí, me aseguraré de decirle eso al juez: "

Por otra parte, pronto, ellos te dejarán sin tus pertenencias que trabajaste por toda tu vida, e incluso después de eso, se asegurarán de que no puedas obtener un trabajo decente otra vez. Los oficiales lo retendrán nuevamente para desalojarlo, repetidamente, llevándose TODAS sus pertenencias.

"Desalojandote y hechando todas tus pertenencias a la calle, cuando tu estes presa. Esta la forma alrededor de la ley, y asi te esculcamos y te robamos todo."

Alternativamente, irán a despedirte, te mantendrán dentro del sistema y en el refugio para personas sin hogar donde pueden vigilarte, y si les gusta, te retuvieron otra vez. sin un cargo, por nada.

2

Me Tendieron Una Trampa Y Secuestrada

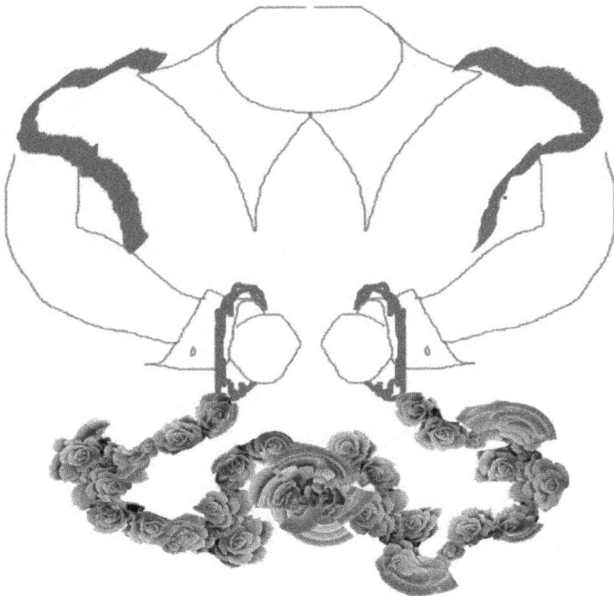

Me Tendieron Una Trampa Y Secuestrada

*C*omenzaré en un momento de mi vida, después de mi divorsio por abuso, un montón de solicitudes repetitivas y hostigamiento de esta mujercita hispana todos los días, todas las semanas, durante meses, rogándome que le venda la casa.

Yo la dirigia a la inmobiliaria, no conmigo. ¿cómo hizo ella para obtener mi número y mi nombre? No estaban en ningun archivo en ese tiempo. Yo habia vendido esta casa a alguien más quién no pago la hipoteca.

Esta señora me llamaba tres a cuatro veces a día.

"Queremos tratar directamente con usted", dijo en repetidas ocasiones. Mi esposo y yo (que nunca conocí e incluso sabía su nombre) Queremos pagar en efectivo y tratar con usted directamente. Nos encanta esta casa, dijo ella. Ella me forzó con su persistencia. Me llamó por siete meses para ir allí y conocerla en persona. Ella trajo a su hijo e hija (falso también, luego descubrí que eran estudiantes del FBI). Vinieron y vieron la casa y, aún insistieron en que querían la casa, pero no dieron dinero ni llamaron al agente de bienes raíces. El agente de bienes raíces la llamó, y ella negó haber hablado con ella y se enojó.

"¿Quién eres?", Cuestionó el agente de bienes raíces.

"No, yo la llamaré directamente". Así que colgó.

Entonces, salí de la casa. Esta señora continuó llamando, dejando mensajes e insistiendo en que tenían todo arreglado, y todo estaba bien, "sus palabras". Luego se reunirá conmigo y pagará mi viaje de regreso y se reunirá en el banco para completar la venta. Continué dirigiéndola al agente de bienes raíces, pero a ella no le gustaría eso. Ella llamó y dijo que pagaría para el viaje y dame el dinero para la casa en persona. Entonces ella lo negó y no pagó nada. Estaba triste por las cosas que suceden en mi familia y el cáncer. Te patean cuando estás abajo. Entonces, un día desesperada, tratando de resolverlo y ayudar a mi familia. Tomé un vuelo para encontrarla con el agente de bienes raíces, sola, y cansada, esperando obtener buenas noticias y ayudar a mi hermana.

El 29 de diciembre de 2010 (secuestro del FBI, 2010, p.1). Tomé un avión allí, alquilé un automóvil y conduje hasta encontrarme con ella. No nos sentíamos bien al respecto (nota: si crees que algo no está bien, ¡CREE!) Acerca de esto, NO HEMOS HECHO NADA INCORRECTO, así que continuamos, y manejamos para encontrarnos con ella, y llegamos allí, detenemos el coche. La saludo en la tienda, y SORPRESA, ella dirigió a siete agentes del FBI para que salieran de varios vehículos estacionados, como esperando a un criminal terrible, así me agarraron, formaron un círculo y me empujaban como si pasara una pelota. Hicieron preguntas estúpidas y respondieron por sí mismos.

¡YO NUNCA TENIA IDEA DE QUE ESTO PASE Y ESPECIALMENTE A MÍ!

El FBI me preguntó si podían esculcar en el auto, y respondí "NO" (como si fueran a respetar, me robaron todas mis pertenencias, mi teléfono y dinero de mi bolso). "

¿Quién es ella?"

Entonces, respondí "Ella es la agente de bienes raíces, y ella tomará mi auto".

Bueno, después de ser arrojada como un balón que rebota por todos los del FBI, formando un círculo a mi alrededor. Busqué ayuda, y todo lo que vi fue a esa señora que no tenía hijo o hija y se lo pedí.

"¿Por qué me estás haciendo esto?"

"¡No sé lo que está sucediendo!" Dijo

¿Enviaron a un agente del FBI para ir y pararse frente a ella, fingiendo que no la conocían y que la estaban protegiendo de mí? Separó sus piernas y manos frente a ella, cubriéndola lejos de mí, CUANDO EL FBI LA CONTRATÓ para que hiciera esta trampa o configuración.

El líder del FBI me dijo que iba a llevarme a la corte (en un viejo automóvil verde y sucio, en unas vacaciones para los tribunales) y registrarme y luego enviarme de vuelta ¿¿¿al avión??? Entonces, ¿todos habían configurado Hmmm? Me llevaron a otra ciudad a una hora más yendo al sur (Eugene, Oregón). En el camino hacia la corte, trató de interrogarme, y yo no dije nada, ni siquiera estaba segura de lo que estaban preguntando. Yo les pregunté.

"¿Por qué estás haciendo todo esto y pasando por todas las mentiras y la trampa? Pues, ¡Ella trabaja para ti!"

Los dos oficiales del FBI se miran y luego se quedan callados por un momento. Los escuché hablar por teléfono y dijeron

"¡LO OBTUVIMOS!"

"¿Qué?" Pregunté,

Bueno, habían amenazado al agente de bienes raíces y le habían prohibido llevar mis cosas y el auto.

¡No les importa la ley!

"¡Tenemos el auto! El agente del FBI le dijo a la persona que conducía. "

"Oh, ¿y ahora qué? El FBI que conozco es respetuoso, pero tú lamentable que eres. ¿Estás en el fondo del grupo que quiere ganar algunos puntos? Porque por lo que recuerdo, el FBI persigue a personas prominentes, traficantes de drogas y peces gigantescos. ¿Quién soy? Una madre soltera que todo lo que hace es ir a la escuela y trabaja en tres trabajos. NO BEBO., NO VOY A BARES, NI

ALGUNA DE ESTAS COSAS, NI FORNÍCANTE, NI NADA. Se callarón y después de un rato de no decir nada,

"Todo lo que diga estará en la ¿¿¿corte???"

Bueno, no pude hacer una llamada. Estos oficiales no me dejaban saber a dónde me llevarían. Esposada en el asiento trasero de este viejo auto, temía que estallara en llamas en cualquier momento o se rompiera pieza por pieza en el camino. Finalmente, después de dar vueltas por las calles vacías, era la tarde de las vacaciones del día siguiente. Me llevarón a la parte trasera de un edificio, como un almacén. Me volví para dejar que mi chicle saliera de mi boca, ¡y SALTARON! Sosteniendo sus armas.

"¿Qué?" Le pregunté

"Pero que son tontos, a la próxima la escupo en sus zapatos." Se miraron el uno al otro. Los dos oficiales me llevaron a una habitación en un edificio de metal y de blockes grises y pasillos largos, algunos marshalls me estaban esperando, cinco en total.

"¿Bien? ¿qué esta pasando?"

"Vamos a imprimir tus huellas dactilares, ADN, etcétera."

"¿De hecho, muestra de sangre también? ¿Dónde está esa inocencia antes de que se demuestre lo contrario, mis derechos, mi llamada telefónica y mi derecho a no registrarme y confiscarme? ¡También, mi Enmienda a los Derechos Constitucionales!

Enmienda 4

No se violará el derecho de las personas (ciudadanos) a estar seguros en sus personas, casas, documentos y efectos, contra registros y confiscaciones irrazonables, y no se emitirán Ordenes de Arresto, pero sí causa, con el apoyo de Juramento o afirmación, y particularmente describiendo el lugar donde se buscará, y las personas o cosas que se deben confiscar.

Todos se rieron a la vez. El oficial nunca leyó mis derechos. Uno de ellos vino y se sentó en una silla,

"Abre la boca, debes cooperar, y en este momento vas a confesar".

"¿Qué? Confiesa a qué. "

"Vamos, sabes que eres culpable."

Acabo de mirarlos con asombro y tristeza por ellos (Karma), puedes hacer algunas cosas aquí en la tierra, pero pagarás, o tu familia lo hará. Me pusieron en una celda de metal, fría, sola, no había nadie allí, ¿el edificio estaba abierto solo para mí? ¿De verdad estoy con la policía o esta es una broma o peor?

El FBI solo vino y me secuestró, pero ¿para qué? Mi amigo el imbécil, su familia, todos trabajan para la policía, cárceles, informantes, un Navy Seal frustrado, el FBI y los demás. No estaba segura, por qué me llamaron antes del año nuevo, un día para venir aquí.

El FBI me acaba de secuestrar y no hay forma de pedir ayuda a nadie.

Compraron una orden judicial.

Una hora después de que me secuestraron, vino un abogado, vistiendo un traje, viejo y corto, chaparro y apestoso, con los ojos brillantes (un tipo de tipo con encanto de la suerte) y me dijo:

"Yo te voy a representar."

Yo me encontraba adentro de una jaula, mientras él estaba en el otro lado.

"Vas a decir lo que yo te diga"

"¿Esta bien?" pensando que estaba de mi lado

"Ya vienen."

"Ellos vienen".

Había una mujer de prisión preventiva que entró y preguntó una pregunta >>>>>>.

¿Dije que? No entiendo, ¿Quién? ¿Qué? ", Pregunté.

Este abogado dijo:" ¡solo diga que sí! ". Bien.

"No, no entiendo. ¿Quién? ".

El hecho afuera como con una patada a todos fuera de la habitación y me dijo con sus brillantes ojos azules que parecen agua profunda y hueca, y él siendo bajo" me recuerda "a quien robó mis amuletos de la suerte."

"No te vas a ir de este lugar ¡hasta que confieses que eres culpable de lo que digo! "

"No!", contesté." Quiero otro abogado, debo regresar para cuidar a mi hermana, y el FBI me dijo que iba a llevarme a la corte y luego me llevarían de vuelta al avión hoy.

"Bueno, dijo; "Hoy soy el único aquí, irás a la corte y es posible que te den otro abogado, mientras tanto,

YO NO TE VOY A DEJAR IR.   TU TE VAS A QUEDAR EN LA ¡CÁRCEL!"

"Ellos me dijeron que me iva a ir en mi vuelo y ellos me iban a llevar al aeropuerto."

"No, no, yo ya decidi."

Así, los marshalls me llevaron a la corte, ¡y todos me estaban esperando a mi! Sólamente a mi, fue un dia feriado, y los tribunales cierran esos días siempre.   Mas, todos estaban ahí esperandome, excepto el juez quién se presentó por teléfono perezoso y (cobarde).

"Todos en orden" el juez preguntó.

"Ella se queda!" el abogado que me designaron gritó,

"Bueno se supone que la debo dejar ir.   ¿cuál es la razón para mantenerla aquí?" el Juez le preguntó.

"No, ella se aloja aquí hasta más aviso." El abogado dijo otra vez,

"No" yo respondi.

"Esta bien," el juez dijo. "y yo te nombro su abogado." Corte aplazada.

"¡Ya vez, te dije que te quedas!" El abogado me dijo a mi con a sonrisa de burla.

"¡Tengo que irme!" yo soy la única que esta tomando cuidado de mi hermana quién tiene etapa cuatro de cáncer.

"Te quedas.!" el abogado gritó cuando salía.

3

Encarcelada En La Carcel Del Condado

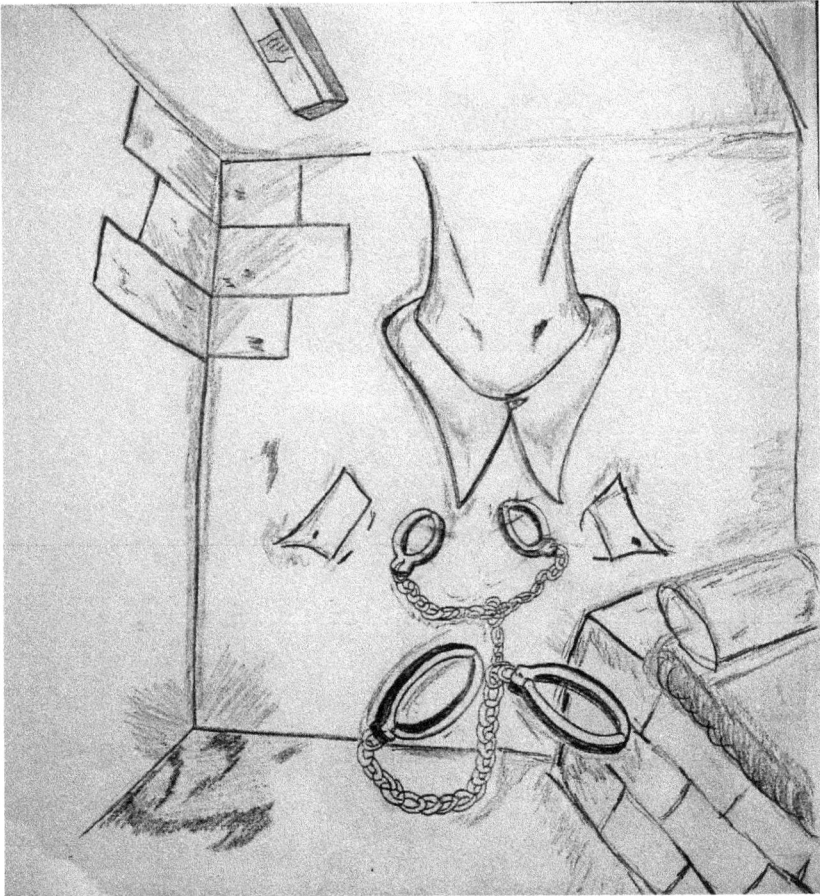

Encarcelada En La Cárcel Del Condado

*D*espues de ser secuestrada, me quedé sola. Nadie me dijo por qué perdi mi libertad, o cualquiera de los cargos, o la fianza. ¡nada! ¿en donde estoy? Yo no supe y ellos no me permitian hacer ninguna llamada. Mi abogado designado fue mi enemigo. Ellos me enviaron a otra carcel.

Me registraron ahí y me madaron a otra habitación. Yo entre, y una señora flaca y de pelo negro me miró, y esclamo

"¡Oh ya estas aquí**!!**"

"¿Qué? ¿quién es ella?"

"Oh, no, lo siento, quise decir que todo está bien, que estés cerca de mí".

Ella me dijo que deberíamos ver a un médico antes de ir a la parte de atrás. Por supuesto, ¡no es médico para mí! Mi presión sanguínea estaba en el techo, por supuesto, de quien no, secuestrada, y ni siquiera una enfermera o alguien que me podía tomar la presión arterial. Nos enviaron a la parte de atrás con esta señora, y allí, ella recibió la cama al lado de la mía, y me vigilaba todo el tiempo.

"Ve a dormir, y todo irá más rápido", dijo.

¿De verdad quién puede dormir si ni siquiera puedes llamar a tu familia? El teléfono no funcionaría para mi número dado por la cárcel. Mi dinero fue al FBI que tomó el automóvil y mi bolso y mi boleto de avión. TODO CONTRA LA LEY, NO PUEDES BUSCAR. Pasé el 31 de diciembre de 2010 (Año Nuevo 2011, p.2), dentro y nadie sabía lo que me había pasado, Bienvenido el nuevo año 2011.

Estuve tres días y esta señora sólo detrás de mi. Finalmente, pregunté cuánto tiempo vas a estar aquí.

"¡Oh yo viole mi libertad condicional así que, de menos quince días, no te preocupes yo estoy aquí para ti," ella dijo!

Creeme yo no estaba preocupada por su partida sino todo lo contrario. Un día usé un desodorante de alguien que me dejaba usar porque debes comprar todas tus cosas y la cárcel y no te daría nada, es un negocio, y debes comprar todos tus artículos esenciales, incluso si has pagado tus impuestos toda tu vida. La parte triste es que, si vienes ilegalmente a este país, gritan "Tengo derecho a obtener comida, alquiler y escuela gratis, y empleos". ¿Derechos?

Entonces esta Dama finalmente mostró su propósito, y ella estaba allí para hacerme mal. Fue y le dijo a la señora que me dejaba usar el desodorante.

"Sabes que >> (me) >> estaba en tu cajón y uso tu desodorante".

Tratando de meterme en problemas adentro.

"Sí, dejé que ella lo usara". Entonces se vuelve hacia mí y con una débil voz susurró

"Ten cuidado con ella, y dicen que ella está aquí a menudo. Ella podría ser un oficial de policía. Es por eso por lo que estoy abogando para poder salir de este lugar ", dijo.

Entonces, dejé de hablar con ella, y ella se detuvo de estar en la cama todo el día durmiendo y comenzó a bajar y hacer "amistades" y comenzó a hablar sobre mí.

"Miré a esa señora que dijo que va a saltar del balcón y matarse; sí, la escuché murmurar ", dijo.

Mis compañeras de cuarto vinieron y me contaron sobre los rumores que estaba haciendo, para que todos se pusieran en mi contra. Durante el almuerzo, le pregunté, "¿has hablado con tu agente de libertad condicional?"

"Oh, sí, me quedaré aquí por un mes".

"Oh, sabes que todos me dijeron que estás diciendo cosas terribles sobre mí y que eres un oficial de policía, ¿puedes creerlo?" Entonces, me reí.

Bueno, después de eso me fui al baño de arriba, y la estaba mirando y de inmediato fue al teléfono. Ella ni siquiera marcó, simplemente tomó el teléfono y murmuró. Entonces, adivina qué, en menos de cinco minutos, abrieron la puerta y la llamaron para irse a casa. ¡DE VERDAD! Entonces, ella se fue. Finalmente.

Continué allí sin ver a ningún médico, mi presión arterial al techo, mareada, pero a quién le importaría. Una vez que ingresas, no importa si eres culpable o inocente, o qué hiciste y cuánto tiempo estarás allí. Tu vida ya no tiene valor, y si pueden matarte, es lo mejor. Te harán sufrir e ignorarán todas tus necesidades. Todavía no he podido llamar a mi familia, y el único que podría responder, no aceptaría mis llamadas.

Desesperada, me senté a mirar televisión y dejé que mi mente se fuera a otro lugar, y esta señora vino y comenzó a hacer amistad conmigo como si nos conocemos por mucho, mucho tiempo.

"¿Cuánto tiempo te vas a quedar aquí?", Le pregunté

"Oh. Bueno, simplemente me dijeron que estaría aquí de cuatro a seis meses. Oye, tengo dinero en mi cuenta, ¿quieres algunos chocolates o papas fritas que pueda pedir para ti? "Dijo.

"Oh, no, gracias"

Bueno, ella fue tan increíblemente amable que se volvió muy sospechosa. Sin embargo, cuanto más la miraba, ella tenía la misma cara y modales personales que los de un empleado de la empresa, que más tarde semi compró la empresa y me metió en este problema porque no pagarían por la compra de la empresa. Entonces, intrigada, le pregunté si sabía algo así, porque se parecía a él, eran hermano y hermana. Ella me miró y se levantó, fue a su cama, tomó algo e hizo una llamada telefónica. Una vez más, ni siquiera marcó, simplemente tomó el teléfono y murmuró. Bueno, si supuestamente se quedara de cuatro a seis meses, ¿por qué después de la llamada telefónica, cinco minutos después, el oficial abrió la puerta y llamó su nombre para recoger sus cosas y volver a CASA! En un momento más tarde, pude conseguir que alguien me llame por teléfono y hacer una llamada telefónica rápida a mi hijo, tres semanas después.

"Por favor, toma el dinero del banco y pagua la electricidad, eso es todo lo que tengo."

Bueno, la Persecución escuchando mis llamadas me regresó con una traducción que decía que tenía mucho dinero escondido en algún lugar y no fue tomado como lo dije. (Entré en la sala del tribunal y vi en mi mente el escrito en la pared detrás del juez).

Dos días antes de ir a la corte, mi abogado me informó de eso y me dijeron que iban a presentar cargos porque estaba llamando para tomar el dinero fuera del banco.

¡Cuántos millones tuve! ¡Oh! Un miserable cuatrocientos cincuenta dólares para ser exactos (Escondiendo Dinero, p.1), dije. Que más tarde cuando salí, y hasta ahora el banco tiene un sobregiro de dos mil quinientos dólares, que el banco compuso después de que el FBI los contactó. The Colony Bank sintió que podían hacer lo que fuera con mi cuenta e invirtieron los pagos realizados por mí durante un mes, y luego dijeron que cobraron dos veces. Cuando salí y pude contactar a algunos de los afectados y me dijeron que los pagos nunca llegaron a su cuenta, no solo revertieron los pagos, sino que nuevamente me cobraron ilegalmente.

Es horrible que el FBI haya hecho cosas y dijo que estaba escondiendo dinero, y le pregunto qué pasaría si tuviera dinero. ¿Es este un país libre?

¿Desde cuando te dicen lo mucho que puedes hacer y tener de ahí por tu acento y ser mujer? Solamente los Democratas y Socialismo.

Tienen ellos el derecho, ¿de decir cuánto puedes hacer y por lo tanto tu acento y ser hembra cambia? Solo demócratas y socialistas.

Una vez más, fui a la corte. Pospusieron la fecha de la corte y, por lo tanto, no me dejaron salir, ese es mi abogado designado, siguieron pidiendo al tribunal que retrasara la reunión y no me dejaran salir. No me volvieron a acusar, ni a presentar cargos por el motivo ¿Por qué fui detenido????

¡Hombre! Estaba realmente muy sorpreadido, ¿qué está pasando? ¿Por qué está pasando esto? ¿Quién soy yo, y por qué me están haciendo esto? ¿Puedes imaginarte que mi presión arterial estaba en el techo? De repente, el médico vino a verme.

"Oh, sí, tienes ciento noventa y ocho, tu presión arterial es demasiado alta, no comas sal o puedes morir". La enfermera dijo.

"Todos ustedes lo que sirven aquí está lleno de sal, como si yo tuviera una elección.

Bueno, ¿qué vas a darme? "Respondí"

Oh, nada, no soy médico, solo estoy revisando tu reclamo de presión arterial alta, sí, aquí hay un Tylenol, adiós, el doctor estará aquí en dos días.

"¡Así es como comencé con la presión arterial alta de por vida! Una semana o más había pasado después de esto. Ni siquiera puedes saber la hora o el día, todo se convierte en un infinito.

Todo es lo mismo. Finalmente, un par de días después de que me llamaron al carrito de la farmacia, la enfermera vino y me dio una píldora de agua prescrita por el médico dos veces al día. Estaba en un lugar mejor, pero tampoco tuve una llamada telefónica.

Una señora blanca flaca y tatuada entró en nuestra unidad. Los reclusos ya la conocen porque escuché por casualidad.

"Cuidado es la policía, viene cada mes a dos meses".

En un momento, ella comenzó a hablar conmigo. Otras le preguntaron, ¿cómo es que tienes todos esos anillos en la mano, ¿cómo pudiste traerlos a la cárcel? Ni siquiera te dejan tener un bolígrafo o aretes pequeños.

"Oh, fue fácil", continuó, "Solo les dije que no se podían salir".

"Y no te los cortaron, ¿no los cortaron?"

"¡NO!"

Esos anillos eran bastante grandes, y podías traer cosas dentro de ellos. ¿Por qué? ¿Solo por qué? Eso fue en contra de las reglas.

Al día siguiente en el carro de la farmacia, el guardia me llamó, y el tipo estaba mirando la medicina y discutiendo algo con los guardias y su jefe, estaba enojado. No podía escuchar lo que estaban diciendo. Él me dio esta píldora, pero no quitara sus ojos de ella. Mirándome y arremolinándola en la taza y mirando la píldora.

"Esta píldora es diferente de los otros días", le hice saber lo que respondió.

"Es una marca diferente". Sin mirarme.

Seguí adelante y tragué la píldora. Confié en este enfermero de seis pies.

Si no tomo la píldora, la cárcel me castigará, así que me la tragué.

¡SORPRESA!

Después de una hora, mis venas en las piernas y el corazón se saltaron, y podía ver las venas centrales hinchadas, esto es muy peligroso, nunca tuve esto, mi piel siempre es suave y recta, sin protuberancias. Llamé a la puerta para llamar a un guardia, varias veces. El guardia me escuchó y me ignoró cada vez. Un guardia estaba sentado en su escritorio leyendo el periódico junto a la computadora y ni siquiera volvió la cabeza para ver quién llamaba. Cuando vi que abren la puerta para otra persona, corrí para hablar con ellos, pero cerraron la puerta en mi cara, y esto continuó todo el día, incluso en el momento del recuento, donde el guardia cambia de turno. A la medianoche, vinieron a contar, y yo los estaba esperando, y me levanté, les dije y les pedí ayuda. Dijeron que sí.

De nuevo, mi pedido fue ignorado y nadie vino.

Al día siguiente, el mismo tipo de la farmacia entró y nos miró. Me dio la misma píldora extraña redonda, blanca con puntos anaranjados. Vi la medicina, y yo oigo una voz atronadora y clara en mi oído interno (espiritual) diciéndome

"SI TE LA COMES, MORIRÁS".

Miré, alrededor, y no había nadie más aparte de DIOS.

"NO", finalmente esclamé

"No, esto me puso muy enferma ayer, y nadie me ayudó. Yo no tomo esto".

"Dijo. "Bueno, guárdala, y después de que el médico te vea dentro de una hora, se lo dirás". Me miró y dije:

"No, la cárcel no permite tener una pastilla aquí"

"Oh, está bien, yo te dije, y el guardia que está a mi lado también lo sabe, así que guárdala"

"OK."

(¡Acabo de darme cuenta ahorita escribiendo esto que, el queria que la guardara y cuando yo estuviera afuera la investigara para comprobar qué tipo de píldora me estaban dando!)

A las cinco de la tarde, estando enferma y sin ayuda todavía. Me llamaron para empacar todas mis cosas porque me estaban enviando a la sala médica sin siquiera ver a un médico o cerca de él una enfermera. Entonces, estaba empacando, y esta dama con los tatuajes y los anillos dijo:

"Oh, aquí deja te ayudaré".

"Dije que no, que yo podía hacerlo, no toques".

Esta señora todavía tomó mis cosas "OH, no te preocupes. Puedo ayudarte ".

Tenía a otra persona junto a ella,

"¿Qué estás haciendo, le preguntó su amiga?"

"¡Shhh! ", dijo la mujer tatuada.

Entonces, me di la vuelta y le dije:

"No lo hagas ¡No toques! "Le dije nuevamente.

"¡No toques!" Le dije otra vez.   No podía moverme tan rápido. Estaba demasiada enferma y mi cabeza me daba vueltas.

"OH, aquí todo listo", dijo la mujer tatuada.

"Dame mi rollo".

"Oh, no, yo lo llevo."

Bajó corriendo las escaleras y llamó a la puerta en voz muy alta al guardia.   El guardia abrió y cerró la puerta antes de que yo llegara. mi rollo (mi manta con mis pocas cosas y mis tazas y cepillo de dientes que te dan) al guardia, nadie se supone que tomé tus cosas, y el guardia se llevó de inmediato y cerró la puerta, una vez que finalmente llegué allí, el guardia Ya abrió mi rollo y exclamo

"¡UNA PÍLDORA!",

Pensé, de todo mi rollo, ¿sabías dónde mirar y qué buscar?

"Sí, ¿recuerdas que el tipo de Farmacia lo dejó aquí?" Dije.

"Oh, no, esto es contrabando, veamos qué tipo de píldora es esta".

Así que cuando estaba detrás de su escritorio y siguió haciendo algo durante unos cinco minutos, salió con una pequeña bolsa con cierre y otra píldora, una rosa redonda grande.

"Mira, deja ver de qué clase es esto", dijo el guardia.

"No, esa no es la que tomaste", respondí."

¡JA! ¡JA! ¡JA! se ríe"

Le dio la píldora a otra persona, y me dejaron en una habitación a solas con solo un par de camas de hospital y no hay forma de llamar a alguien si necesito ayuda. Al menos una compañera de habitación que si me ve enfermo podría pedir ayuda.

Sola, nadie cerca y ningún guardia vendría.

Al día siguiente, el jefe de Farmacia vino con mi píldora "la correcta" con un guardia. Le dije,

"Me pusieron aquí y nadie viene a ayudarme, ni siquiera he visto a un médico desde que llegué aquí, ¿y estoy recibiendo medicamentos? Estoy sola, y me desmayé, y nadie vino.

Ella gritó al guardia, pero no para defenderme, sino para darle órdenes de que me enviara a la habitación en particular.

Nuestros padres fundaron nuestro país con "Valores Cristianos". Valores basados en el Yeshua judío para algunos, un Profeta "El Último Profeta, "A otros" Él es el Hijo de Dios "el enviado en la carne para abrir el camino a nuestro Dios celestial, Dios, Hashem. Entonces, veamos

¿Qué hay en la Constitución? ...

4

Preámbulo "La Carta De Derechos" Su Juego

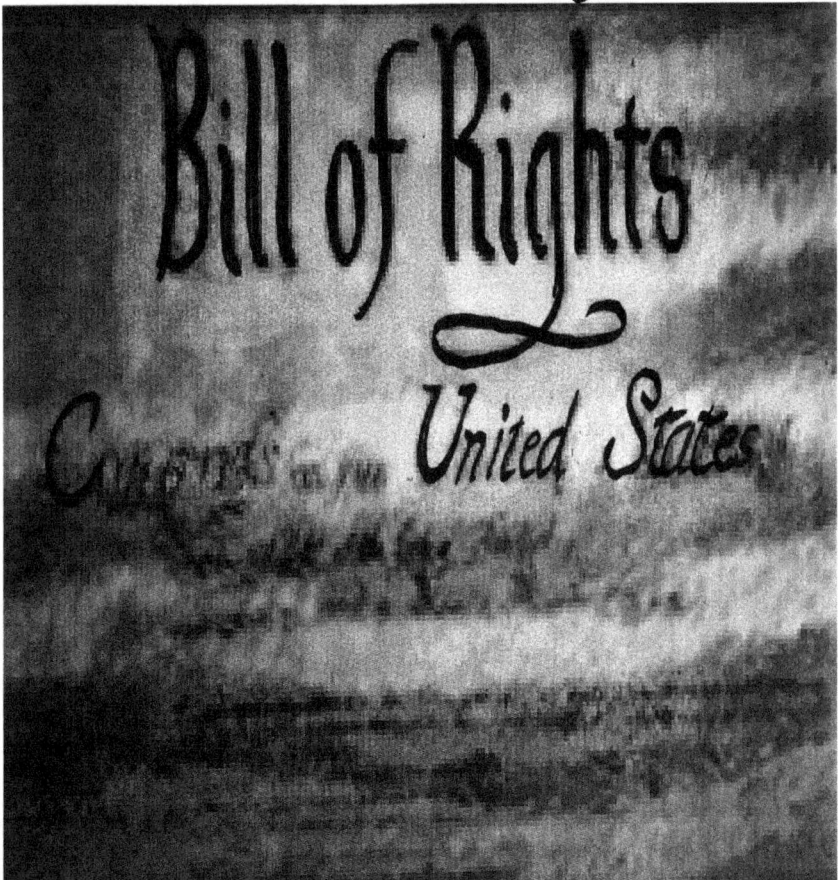

Preámbulo "La Carta De Derechos" -Su Juego

E l Congreso de los Estados Unidos iniciado y concluido en la Ciudad de Nueva York, el miércoles cuatro de marzo, del año mil setecientos ochenta y nueve. (¡No para ciudadanos de Otros Paises!)

LAS Convenciones de un número de Estados, habiendo en el momento de adoptar la Constitución, expresado el deseo, con el fin de prevenir el abuso o malinterpretación de sus poderes, de que cláusulas adicionales declaratorias y restrictivas deberían ser añadidas: Y al extender el ámbito de confianza pública hacia el Gobierno, es la mejor forma de asegurar el fin benéfico de su institución.

RESUELTO por el *Senado* y la *Cámara de Representantes de los Estados Unidos,* reunidos como *Congreso*, concurriendo con dos tercios de ambas cámaras, que los siguientes artículos sean propuestos a las asambleas legislativas de los distintos estados, como enmiendas a la Constitución de los Estados Unidos, con todos, o algunos de estos artículos, cuando sean ratificados por tres cuartos de dichas asambleas legislativas, sean válidos para todos los fines y propósitos, como parte de la Constitución; viz.

LOS ARTÍCULOS

Añadidos, y enmiendas a la

Constitución de los Estados Unidos de América,

propuestos por el Congreso, y ratificados por las asambleas legislativas de varios estados, de acuerdo con lo dispuesto en el quinto artículo de la Constitución original.

ENMIENDA I

Libertad de expresión, de prensa, religiosa, asamblea pacífica y de petición al gobierno.

El Congreso no aprobará ley alguna por la que adopte una religión oficial del estado o prohíba el libre ejercicio de la misma, o que restrinja la libertad de expresión o de prensa, o el derecho del pueblo a reunirse pacíficamente y a pedir al gobierno la reparación de agravios.

ENMIENDA II

Derecho de las personas a tener y portar armas, así como a mantener una milicia.

Siendo necesaria una milicia bien ordenada para la seguridad de un estado libre, no se violará el derecho del pueblo a poseer y portar armas.

ENMIENDA III

Protección contra el alojamiento de militares.

En tiempo de paz no se alojará a ningún soldado en casa alguna sin el consentimiento del propietario; ni en tiempo de guerra, excepto en la forma prescrita por ley.

ENMIENDA IV

 Protección contra registros e incautaciones irrazonables.

El derecho del pueblo a que sus personas, domicilios, papeles y efectos se encuentren protegidos contra registros e incautaciones irrazonables, será inviolable, y no se expedirán al efecto órdenes que no se apoyen en un motivo verosímil, estén corroborados mediante juramento o afirmación y describan con particularidad el lugar que deba ser registrado y las personas o cosas que han de ser incautadas.

ENMIENDA V

Debido proceso, Non Bis In Ídem, autoincriminación, propiedad privada.

Nadie estará obligado a responder de un delito castigado con la pena capital o de otro delito infame a menos que un gran jurado lo acuse, a excepción de los casos que se presenten en las fuerzas navales o terrestres, o en la milicia nacional cuando se encuentre en servicio actual en tiempo de guerra o peligro público; tampoco se juzgará a persona alguna dos veces con motivo del mismo delito, el cual conlleve la pérdida de la vida o algún miembro; ni se le compelerá a declarar contra sí misma en ningún juicio criminal; ni se le privará de la vida, la libertad o la propiedad sin el debido proceso legal; ni se tomará propiedad privada para uso público sin una justa indemnización.

ENMIENDA VI

Juicio por jurado y otros derechos del acusado.

En toda causa criminal, el acusado gozará del derecho de ser juzgado rápidamente y en público por un jurado imparcial del distrito y estado en que el delito se haya cometido, Distrito que deberá haber sido determinado previamente por ley; así como de que se le haga saber la naturaleza y causa de la acusación, de que se caree con los testigos en su contra, de que se obligue a comparecer a los testigos que le favorezcan y de contar con la ayuda de un abogado que le defienda.

ENMIENDA VII

Juicio civil por jurado.

El derecho a que se celebren ante un jurado los juicios de derecho consuetudinario en que el valor en disputa exceda de veinte dólares, será garantizado, y ningún hecho juzgado por un jurado será reexaminado en tribunal alguno de los Estados Unidos, salvo con arreglo a las normas del derecho consuetudinario.

ENMIENDA VIII

Prohibición de una fianza excesiva, al igual que de castigos crueles e inusuales.

No se exigirán fianzas excesivas, ni se impondrán multas excesivas, ni se infligirán penas crueles e inusuales.

ENMIENDA IX

Protección de derechos no específicamente enumerados en la Carta de Derechos.

No se interpretará la enumeración en la Constitución de ciertos derechos para negar o menospreciar otros derechos retenidos por el pueblo.

ENMIENDA X

Poderes de los estados y de las personas.

Los poderes que la Constitución no delega a los Estados Unidos ni prohíbe a los Estados, quedan reservados a los estados respectivamente o al pueblo.

5

Su Juego De Cargos Criminales

Su Juego De Cargos Criminales

Habitacion especial? Sí, me agarran (Cuando digo me agarran, es que te agarran y te arrastran como un animal que va a la hoguera para ser cocinado) y me ponen en una habitación oscura, con las ventanas cubiertas, de colores, sin luces, un colchón delgado de plástico, roto de una pulgada en el piso, el fregadero no funciona, sucio frío y arañas por todas partes.

"¿Qué? Me trajiste aquí para ayudarme a mejorar, ¿y me pones aquí sabiendo que soy claustrofóbica?

"Sí y cállate".

"Necesito mi llamada telefónica".

"¡Sí, claro!"

En este momento, yo estaba en una posición de TERROR, SECUESTRADA, MI HERMANA MURIÉNDOSE, ¿MI HIJO QUIEN SABE?

¿DONDE ESTABA? MI ABOGADO FUE EL ENEMIGO NUMERO UNO.

En verdad, todo esto sucede en los Estados Unidos. En el Gran Estados Unidos de América, a un ciudadano de E. U. Cuyo padre sirvió en dos guerras, no es Rusia, ni a un país del tercer mundo, ni China, es mi país; el país que mi padre nacio, trabajo y sirvió y lucho por Libertad y para la libertad.

Me dijeron que investigarán el "contrabando de píldoras" y sabre lo que sucedió al día siguiente, pero eso no sucedió. Pasé seis días allí. Después de la fiesta de Martin Luther King, creo que el viernes cerraron las cortes y no abrirían solo para mí, como lo hicieron al comienzo de este secuestro. En celebración de la fiesta, que todos celebraron y cerraron por fuera, y desde dentro todavía estamos vivos y no tenemos nada que hacer. Nuestra vida en el exterior sigue avanzando, y las cosas no pueden pagarse a tiempo o pagar y no entra dinero, destruyendo tu vida hasta que investiguen.

Una vez que un abogado me dijo,

"No es Inocente hasta que se demuestre su culpabilidad, y es Culpable hasta que demuestres que eres inocente. "

Entonces, alguien puede acusarlo, arrastrarlo en el sistema y luego, si desea sobrevivir, declararse culpable. Gastará mucho dinero y el tiempo te destruya, hasta que demuestre que no es culpable o que las personas allí sentadas lo juzguen, quienes quieran irse a casa y lo declararan culpable sin cometer un

delito real.

Esto significa que perderás todo por lo que trabajó, y todavía no habrá cargos o alguna forma de librarse hasta que decidan presentar cargos. Entonces, les tomó hasta el miércoles venir a verme. Mientras tanto, todos estos días estaba helada, en el suelo, no se me permitía tener comida, el inodoro y el grifo de agua donde bebías roto, y por supuesto no había tiempo de limpieza, ni tiempo de descanso, ni siquiera para ir a la ducha. Sin embargo, el oficial que me trajo de la sala general al médico venia a asegurarse de que me castigaran. Él y otro chico rubio alto y grande venían a hacer las rondas cada veinte minutos y mostrarían su rostro a través de una pequeña ventana de cuatro por diez pulgadas y se reirían. Dijeron que tenían que hacer las rondas para contar y para ver si todavía estábamos vivos.

Yo me encontre ATERRORIZADA, CONGELADA, AHUN QUE

ME VESTIA CON TODOS LOS TRAPOS QUE NOS DABAN,

INCLUSO YO ME CUBRIA CON LA MANTA CUBRIENDO MI

CABEZA. TEMBLANDO, HERIDA Y CON TEMOR DE QUÉ

VAN A HACERME PASAR EN LA PRÓXIMA:

Como decían, esto era para tu salud, si no te pondrían en aislamiento por no "obedecer" la orden del médico, a quien nunca

vi. ¡Lo llamarían contrabando y un delito grave por una píldora de drogas, un cargo de drogas! Así que, aun así, no podía hacer llamadas telefónicas.

Me puse de pie y recordé mis canciones de la iglesia, sobre el Rey David.

"Incluso en lo más oscuro, te alabaré, Señor."

Así que, lo hice, me puse de pie, me quité la manta, caminé dos pasos en un triángulo, que era del tamaño de esta habitación, así que puse mis manos en alto y alabé, y comencé a hablar en mis lenguas espirituales y al mismo tiempo se sintió paz, me acuesto y me duermo. Cuando ni siquiera dos minutos después de quedarme dormida, la presión en mi pecho explotó, y como un globo desinflado, mucha presión de aire salió de mi boca desde mi pecho, y yo estaba feliz incluso cuando estaba allí.

No les gustó mi "actitud". No estaba ya más aterrorizada, así que finalmente enviaron a alguien a entrevistarme sobre la píldora.

Fui tan inocente que dije la verdad.

"Al día siguiente, el tipo de Farmacia me trajo la misma píldora que me enfermó. Dije que no, que no lo tomaría, el enfermero y el guardia me dijeron que la guardara hasta que me llamaran para ver al médico. "Yo continué

"Una señora que entra a la cárcel muy a menudo con todos tatuados en los brazos, y tenía muchos anillos, empacó mis cosas y se entregó a la oficina y el

guardia cambió la píldora, o ella lo hizo, y aquí estoy. Ni siquiera tomo Tylenol si no lo necesito, y mucho menos "Oxicodona". ¿Por qué debería traer píldoras desde el exterior? Como si supiera que el FBI me iba a secuestrar. Significa que no tenía conocimiento para prepararme para un secuestro y ni que el FBI me iba a secuestrar, y, aun así, ¿no me han permitido hacer llamadas para contactar a mi familia? Las únicas llamadas que hice fueron a través de la cuenta de otra persona, y cada vez que llamo a mi abogado, ustedes me castigaron inmediatamente después de eso.???"

El tomó notas y entonces dijo,

"Bueno, enviaré esto, y si quieren presentar una Felonía por esto, se lo dirán en dos días o se acaba".

Pasaron dos días, no escuché nada, pero luego me dejaron ir a un descanso, llamé a mi examigo, y él contestó, por supuesto, en un bar.

"¡Ja, estaba seguro de que eras tú!" me dijo. (Estaba como siempre en un bar)

"Me conoces, no tomo drogas ni bebo, ¡y me dijeron que traje una pastilla de droga y que me enviarían al agujero! ¡Por favor, ayúdame! Además, no me dicen por qué estoy aquí. Por favor, ayúdenme y envíeme dinero para que pueda hacer una llamada. "Dije:"

Bueno, vale, pero tú eres (& * & (* (* (**% # $ # $), así que por eso eres allí. "

"¿Qué? Después de todo, ¿lo hice por ti? "Así que colgué. Los guardias escucharon toda la conversación dentro de su oficina, y se ríen de mí.

"La cárcel te ha dado quince días de castigo". Uno de ellos dijo:

Me arrastran de vuelta a la cárcel de la comunidad en general, pero esta vez estaba al lado de la jaula general. Estaba un poco aliviada. En el último lugar oía a la gente gritar y sollozar al lado de los cuatros médicos, permanecieron en puertas cerradas y sin ventanas, solos todo el día y solo dos veces a la semana podían salir a tomar una ducha, vestían una bata de tela y no tenían cobijas.

"¡El Hoyo!" cuando era pequeña yo vi una película donde un niño robó una manzana y lo metieron en la cárcel, en una isla de San Francisco. No lo dejarían salir, se hizo viejo y luego lo metieron en un agujero con ratas, en un techo oscuro y abierto. Ni siquiera podía pararse se hizo todo torcido, hasta que un día lo dejaron salir. Viejo, enfermo y solo, y todo esto solo porque robó una manzana por tener hambre como cualquiera.

¡Ahora ves por qué estaba aterrorizada cuando me dijeron que iba a ir a "El Hoyo!" Y yo no podía hablar con mi familia en absoluto. Ellos me estaban obligando a declararme culpable y perderme en el sistema. Fue un alivio, y un poco feliz en este nuevo lugar, esto es mejor, estaba en mi habitación, una pequeña ventana para ver el cielo y tal vez si me estiro un poco por la puerta de entrada, pude ver el brillo de la televisión. Lo más importante, GENTE.! Solo tenía treinta minutos al día para salir de la habitación a tomar una ducha, limpiar mi habitación, hacer una llamada telefónica, pero, por supuesto, el código del teléfono aún no estaba reparado y no ponían mi dinero allí, y no podía ver la televisión o ver revistas. Pude pedir a alguien en el descanso.

"Por favor déjame usar su número y hacer una llamada.

FINALMENTE LLAMÉ A MI FAMILIA, GRITABAN, Y MI MADRE ESTABA LLORANDO JUNTO CON MI HERMANA;

"¿Cómo estás? ¿Dónde estás? "

"Por supuesto," dije, "Estoy bien, no te preocupes, ayúdame a salir de aquí, consígueme un abogado o algo así. No, ellos no me han dicho por qué estoy aquí, o dónde es esta este lugar ubicado, más el abogado designado es peor que la persecución. ¡Por favor ayuda!"

Así que tuve que colgar de inmediato. Tuve un poco de paz. Un par de días después, a tiempo para el recuento, que era diez veces al día. Estaba sentada en mi cama de piedra mirando a la puerta, ¡y no les gustó! Luego, después del conteo, vinieron gritando,

"Oye, tu empaca,"

"¿Qué? ¿Quién soy yo? ¿Ahora que? ¿A dónde me llevas? No he hecho nada malo. "

"¡Te vas a ir a otra habitación!", Dijo el guardia."

"¿Por qué? "

"Porque en esta cárcel, no tenemos espacio para TI EN NINGUNA PARTE ".

"ENTONCES DEJAME IR". "Exclamé."

Todos los presos ESTABAN desconcertados. La están fatidiando (dijeron)

"Entonces déjenme salir, debo estar en la corte mañana".

Estaba equivocada, el día siguiente llegó, y nunca me llevaron a la corte, ¿por qué?

Porque en esta cárcel, no tenemos espacio para usted en NINGUNA PARTE.

Debido a eso que no tuve la oportunidad de ir al tribunal, ellos junto con el tribunal hicieron lo que quisieron, e incluso cuando llegamos a un acuerdo en una sesión del Tribunal Federal, y dictaminó que esto pertenecía al tribunal estatal. De esta manera porque no estaba presente, y revocaron el acuerdo anterior y devolvieron todo el dinero a los compradores.

¡Eso es FRAUDE!

En resumen, todo lo que hacen es retenerte, por lo que siempre ganan por defecto y hacen lo que quieren. Sin embargo, la Persecución se asegurará de que nunca ganes de manera predeterminada. El tribunal desestimará el caso por frívolo, o no le permitirá estar presente, ¿y lo rechazan por "Falta de persecusion"

¿En realidad? Antes de esa decisión, ya había ganado por defecto, ¿y ahora dicen eso?

"Falta De Perseguir El Caso"

Todos los años que luché para seguir adelante con el/los casos y lo descartaron como si nada

"No entiendo el equilibrio en la Justicia de la Ley."

Esta vez me colocaron en otra celda, muy lejos, donde guardaron los asesinos, y no tienes acceso a nada. Me dejarían salir temprano a las cinco de la mañana para tomar un descanso en otro cuarto.

De esta forma no pude ver a nadie, no hablé con nadie, no hice llamadas telefónicas, y aunque lo haga, no responderán que es demasiado temprano. Los contestadores contestarán y no podrán presionar cinco para aceptar la llamada del "interno" (inocente hasta que se demuestre su culpabilidad, es solo un mito), o que alguien me vea. Por lo tanto, para este momento destruida, ¿y confundida en cuanto a por qué me estaba pasando esto a mí? Había perdido cuarenta libras, mis piernas no se quedarían quietas, temblando, y ya no tenía fuerzas. Ni siquiera podía hablar con mi abogado porque la oficina no está abierta a las cinco de la mañana, por supuesto.

6

Encuentros Espirituales

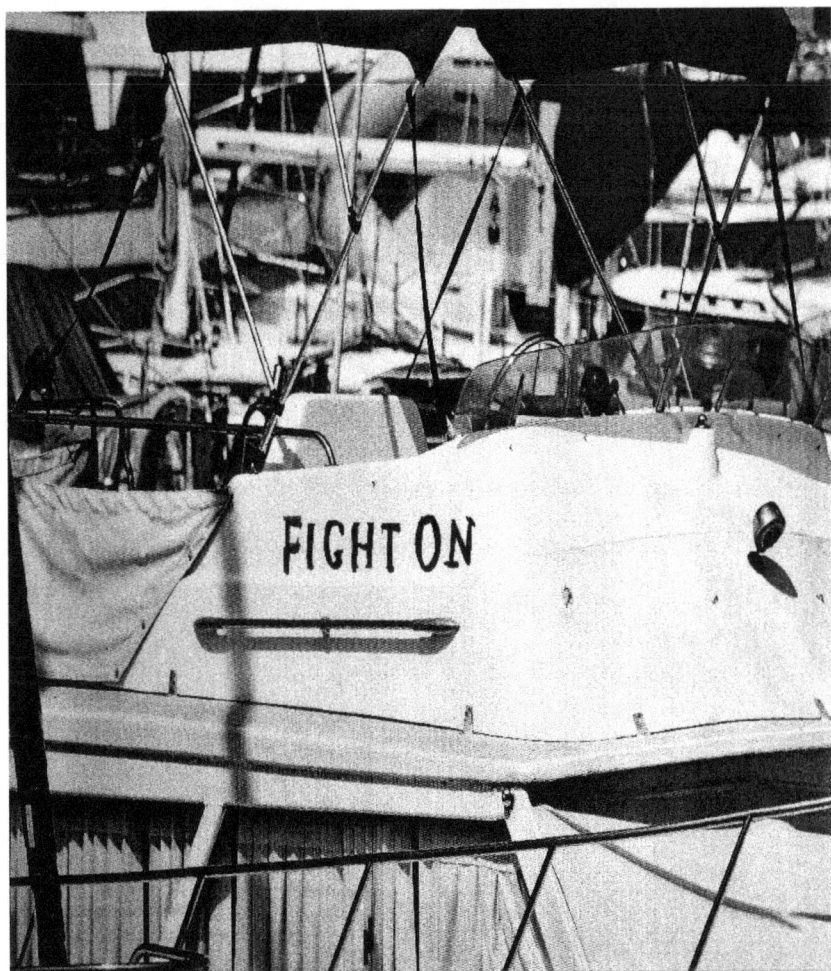

Encuentros Espirituales

Solo podía sentarme con las piernas en una silla, para que no me las vieran temblar, o no me dejaban salir, ni siquiera los treinta minutos. Ver televisión en mis treinta minutos, limpiar mi habitación, ducharme e intentar hacer llamadas sin éxito, lo que tampoco funciona a las cinco de la mañana.

Un dia, una anciana me vio sentada y golpeó la ventana. Ella le pidió al guardia que la dejara verme. Negadó.

"¡No! ella solo tiene treinta minutos y no tiene tiempo, y no le permiten visitas a nadie. "

¡Bueno, eso fue raro! Por la noche en el cambio de turno, el teniente vendría. Estuve despierta este día, y escuché al teniente preguntarle al guardia sobre lo que hago todo el día, cómo me comporto y a quién llamo. El guardia de la noche que fue el menos malo de todos contestó.

"Bueno, ella toma su descanso, y el único libro que elige es la Biblia. Eso es todo. "

"Hmm, "el teniente continuó, ¿Qué más podemos hacerle?"

Bueno, ni siquiera los "cristianos vendrían a visitarme, incluso después de mis pedidos diarios". Ellos fueron los únicos que dejaron que vinieran a verme.

"Tienes una visita". Un día, el guardia me llama.

El guardia era un tipo pelirrojo malo. Bueno, sorpresa una cristiana, una nueva vino a verme como dije que era nueva, así que vino a verme. Le expliqué lo que estaba sucediendo y lo que me estaban haciendo, y la mirada en sus ojos fue de la que estaba asustada y en seguida, se levantó y dijo:

"¡Lo siento! ¡Lo siento! pero usted está solo, Adiós.

Excelente, ni siquiera llamaría a mi familia, y no vendrá a darme un descanso con sus visitas ya que ella era la única autorizada a entrar. Entonces, volví a mi celda con tristeza por este país, los "¡cristianos!". Días más tarde, vino otro guardia.

"Tienes una visita",

Hmm, pensé que era mi abogado a quien no había visto en meses. No, fue esta anciana. ¡Hola! Lo que está pasando, vi tu solicitud en la bandeja de entrada de los cristianos y una en la mía, así que vine a verte. Iba a devolvérselos, pero DIOS me dijo que fuera a verte.

"Si gracias. Estoy ... y esto me está sucediendo a mí, y mi abogado no me ayudará y cada vez que lo contacte me instruye a la cárcel para que me castigue aún más. "

"¡Bien!" Dijo " Ya veo, he solicitado verte muchas, muchas veces y siempre lo negaron. Así que tuve que ir y pedirle un favor a alguien que conosco con poder, para poder ir a verte, solo porque seguía sintiéndome de parte de Dios para ir a verte".

¡Alabado sea Dios! Ella me dio la fuerza que me había ido y me dijo que contratara a otro abogado, y podía llamar en ese momento y poder contratar un abogado. Ella me dio una Biblia, y después de eso, tenía tres Biblias en mi caja, podía tener una en mi habitación y todo lo demás en una caja fuera de mi habitación.

Al día siguiente, muy temprano en la mañana, le pedi al guardia.

"Por favor, déjame ir a tomar una ducha," (para poder estar afuera por un momento antes de que venga el guardia pelirrojo). Me sorprendió cuando el guardia abrió la puerta y dijo:

"Claro, vas a ir a la corte".

"¡Qué! El abogado nunca vino a verme y nunca ha hecho nada. Pedí que llamara y lo llamé".

"SÍ ", el guardia me deja usar el teléfono.

Llamé al abogado designado, y él se sorprendió y molestó porque sabía que teníamos una cita en la corte y respondimos.

"TU NO DEBIAS DE SABERLO.   Yo no te iva a traer."

¿Qué? Supongo que, para defenderme, cada vez que te llamo, logras que castiguen cada vez más, cuál es el problema. ¡Estas despedido! Tengo otro abogado, te veré en la corte. "

"¡NO! Te dije que soy tu abogado." Gritó por el teléfono.

"¡NO! "Así que colgué.

El guardia escuchó y me aplaudió. Fui a la corte, y tan pronto como estuve en la sala del tribunal, el abogado designado viene a mí y me susurra.

"¡Su abogado renuncio! Te lo dije, eres mía. "

Mi sangre se cayó al suelo. Usé todo el poco dinero que tenía en la cárcel para contratar a este nuevo abogado. Ahora ese abogado tomó mi dinero, y no tengo más para hacer llamadas telefónicas. Aquí estoy en mi país, en el que no crecí, pero es mi país. No entendí mucho y el tribunal habla inglés. No entendía mucho y mucho menos el inglés de la corte. Tenía años viviendo aquí, pero mi tipo de trabajo solo estaba en el escritorio. Ninguna comunicación se requirió, así que no había practicado mi inglés. Como recordarán, mi papá no quería que aprendamos inglés, así que no volveríamos aquí (no sé qué le sucedió a él ni a otra persona en el servicio, pero ahora puedo imaginarme un poco). Entonces). ¿cómo puedo hablar con el ¿el juez? Me volteé y vi a los tipos del FBI mirándome con cara de pitufo.

"¿Aceptas mantenerlo como abogado?" El juez me preguntó.

"¡NO!" Respondí,

"¡Él no me ayuda y no me deja salir!"

"Bueno, le pediré al otro abogado que tome su caso", dijo el juez.

"Si, gracias."

Me alivié un poco y volví a la cárcel, sin cargos ni me dijeron por qué me quitaron la libertad, de nuevo, después de tres meses, o algo así.

El mismo día, me llaman para ver a un abogado. Bueno, el nuevo finalmente estaba esperando ya que el otro nunca vino a verme. Abrí la puerta, ¡y No! los mismos ojos penetrantes, el amuleto de la suerte, estaba ahí con su investigador o su ayudante. Él comenzó a decir.

"Lamento haber tenido el pie equivocado contigo, yo fui a Harvard y quiero ayudarte".

"¿De Verdad? Entonces, ¿Harvard estaba cerrado cuando fuiste? aquí estás más como si quisieras lastimarme. Se suponía que sería liberada el primer día, y tu me detuviste, y cada vez que te contactaba me castigaban aquí ".

"Lamento mucho voy a trabajar para sacarte de aquí, de acuerdo, solo déjame seguir siendo tu abogado, le dije al otro abogado, que aceptaste".

"¡No, no lo hice!"

"La única opción para usted es que continúe como su abogado".

"Supongo que no tengo otra opción, ¿verdad?"

"La elección que tienes, es decir. ¡Tu eres culpable!"

"Bueno, pero ¿a qué?" Después de todo, me lo habían hecho. ¡Solo quería una respuesta!

"Te avisaré cuando estén listos. El gobierno quiere que estes como máximo un año en una prisión federal (OR F C H, 2010, p.2)"

"¿Qué? ¿Por qué?"

"Te lo haré saber."

"Claro, pero no comiences como lo hacen ustedes y comiencen a poner más cargos en otros estados u otras cosas". ¡Eso es! ¡No tengo más remedio que declararme culpable de lo que me dirás, pero una vez y listo con esta acusación! ¿Vedad?"

"¡De Acuerdo!"

Entonces, nos dimos la mano.

"¡NO! ¡No puedes dejarla ir! "Su asistente gritó.

Enmienda 7

En Tratados de derecho consuetudinario, donde el valor en controversia excederá de veinte dólares, se preservará el derecho de juicio por jurado, y ningún hecho juzgado por un jurado será reexaminado en ningún Tribunal de los Estados Unidos, luego según a las reglas de la ley común

Enmienda 8

No se exigirá fianza excesiva, ni se impondrán multas excesivas, ni se impondrán castigos crueles e inusuales.

Volví al hoyo, de nuevo me negaron volver a la cárcel general, después del "castigo", y me acercaron a una que iba a ser ejecutada, del castigo al mas peor. Esta señora tenía todos los derechos. Ella tenía correspondencia, habitación cálida. Ella ibá a la escuela, tenia dinero, tendrá muchas cosas, revistas, productos de belleza, como una princesa. Yo estaba en la esquina, la temperatura estaba por debajo de treinta y dos grados, nevaba afuera, no tenía calefacción en la habitación, y esto fue después de que "el castigo había terminado".

Tuve que dejar correr el agua caliente sobre el fregadero y meterla en el inodoro para calentar esa cosa de metal. Luego, tape el desagüe con un trozo de cartón para mantener el agua caliente sobre el cuenco y dormir en esa cama de ladrillos fríos. Tuve que repetirlo cada hora de la noche porque volvió a enfriarse. También habría tenido que usar toda mi ropa y poner revistas alrededor de la pared donde duermo, pero esto tenía que ser después del recuento, que era a las once de la noche. Porque no se nos permitió tener el agua sentada o poner revistas o hacer cambios.

Un día puse una solicitud por la noche a la enfermería para trasladarme a la sala general, que ya me siento bien, sin que el guardia pelirrojo se diera cuenta.

El que le dirá al otro teniente, "Les dije que solo le dieran un delito F y eso es todo"

No sé qué es una felonía A o F, pero ¿por qué me dieron una pastilla para matarme? Pues ese día pude hablar con la dama que iban a matar, ella estaba yendo y viniendo de la habitación, tratando de destruir el periódico que decía la decisión de la corte.

Ella dijo, no te preocupes, todo va a estar bien. A la hora de la cena, tenía la puerta abierta, y pensó que estaba recibiendo su comida, y en su lugar, la llevaron a la corte porque el jurado había decidido su fe. Vacian su habitación, y yo no tenía palabras. Todo el mundo estaba tratando de obtener una parte de sus pertenencias, esta fue una gran noticia, la primera mujer condenada a morir en el Estado, y dijeron que sus cartas y todas sus cosas iban a ser de valor. Yo no quería nada. Incluso les di la revista que me dejó ver y tenía su nombre.

Después de un par de horas, ella regresó con esposas y la pusieron en "guardia para que ella no se matara", y luego dijeron mi nombre y dijeron:

"Empaca."

¿Ahora que? Pensé.

"Te vás al cuarto general".

¡Estupendo! Me pusieron cerca del cuarto general y me trasladaron a una habitación individual debajo de las escaleras, así que no pude ver nada, pero fue mejor y me daban dos horas para descansar.

¡ESTUPENDO! Bueno, me fui a dormir, y nos llaman para el desayuno, me acerqué a la puerta, y SORPRESA el guardia pelirojo vino aquí, afuera de su lugar para darme mi comida con una cara amenazadora. Me salí de su territorio, y ahora él estaba aquí para decirme que el podía hacer lo que quisiera y aún así acosarme. Solo me porté calmada, obtuve mis cosas y volteé. Despúes de eso, no lo volví a ver. No pude ver nada, y esta habitación individual una vez cerrada la puerta, ni siquiera podías escucharlos salir por la puerta, no tenía aire acondicionado, así que las reclusas me dijeron que pusiera un libro en la esquina, al mismo tiempo el guardia cerraría la puerta sin que ellos se dieran cuenta. Esas puertas de metal sellaban para siempre. Tendría tres milímetros de agujero, lo que hizo una diferencia sustancial en el aire y noté que era una pequeña bocanada de aire fresco.

El medico me llamó, y en el camino, vi en una habitación a los cristianos, y golpeé y salude al la que simplemente me ignoró cuando le pedí ayuda, Dios los bendiga.

7

Acusada De Robarme My Salario?

¿Acusada De Robarme My Salario?

Quiero regresar unos años antes, donde trabajaba como controlador de esta señora, y luego descubrí que estaba sobreviviendo por reclamos de seguro. Ella envió a su hijo a la cárcel mientras él era el Controlador para que pudiera obtener un reclamo de seguro pagado, más tarde en la cárcel, el propio hijo se ahorcó dentro de la cárcel

¿Me acusan de robar mi cheque de nómina ganado?

Esta señora hizo lo mismo con su hija lesbiana, que le pidió hacer algo por ella en el fin de semana y luego la acusó de robar y volvio a la cárcel y de nuevo la compania recivio el pago del seguro. Una vez cuando iba a ser un fin de semana de tres días, esta señora fue más tarde, después de que todos nos íbamos y dejo que el agua del inodoro goteara todos esos días. Cuando volvimos a trabajar todo estaba mojado y la mercancía vieja que se trasladó allí días antesm estaba destruida, por lo que recibió otro pago de seguro. La compañía de seguros, su amiga ni siquiera trató de presentar cargos por fraude, la apodamos demonio cruela.

My exjefe y su amiga la juez que se encontraba en todas las cortes, no importa en qué corte, división, reclamaciones civiles o criminales del Estado, esta Juez aparecía como la unica en todo edificio, claro en los reclamos de esta señora y nunca pude obtener otro Juez.

Esta señora me acusó de robarme mi propio salario ganado, y el 1-2-3 software que yo instalé en su computadora ya que ella no me proporcionaría uno.

En contabilidad, usted debe tener un software 1-2-3 para hacer su trabajo. Así pues, instalé mi copia casera, y más adelante ella dijo que lo borré "¡era mi software!"

De hecho, ella firmó mis documentos de contrato de trabajo, mi aprobación de las horas extras, por supuesto el juez no aprobó que se dejara ver en la corte después de que la exjefa reconoció que ella si la firmo. ¿Además, no fui a la universidad para trabajar gratis? ¿Ni siquiera una internirship, especialmente después de toda mi experiencia? Nadie lo hace. ¿Ni siquiera los ilegales trabajan gratis, "es por eso por lo que el sueño americano ha llegado a ser" nadie trabaja gratis? ¿qué clase de estupidez es eso y de parte del departamento de justicia de los E.U.?

Para empeorar las cosas, dos chicos en ropa regular y en un coche viejo llamarón a mi puerta, a las siete de la manana en una comunidad cerrada. Diciembre 24 1999 (trabajo gratis, 1999, p. 1), en mi piyama me arrestaron en mi casa (no se me permitían cambiar) después de que toda mi familia vino de todos los Estados

Unidos a reunirse una última vez con mi padre moribundo.   Con un bono de 50.000,00 para salir de la carcel, por lo que no podía pagar el bono y la destrucción de la navidad de todos.!

Contraté a un abogado que era un amigo del juez de la escuela como aprendí más tarde.   ¿La juez me dejó salir en mi propio reconocimiento después de pasar las vacaciones dentro de la cárcel, diciendo?

"Bueno, ¿que no pudieron esperar para su detención después las fiestas?"

Yo tambien quiero para hacer otra anotación que el juez vivia en la misma comunidad cerrada de mi exjefe la acusadora y ella pago la juez un montón.

El juez se no se retiro de los casos se su amiga.   Donde el abogado en el prejuicio cuando no se encontro evidencia de los cargos el habló y dijo

"Sí la computadora."

"Que yo habia instalado mi propio microsoft software en mi oficina en la computadora de el negocio pues ella no me lo proporcionaba.   Antes de installalo yo le pedi permiso y le hize saber que ere mi copia de mi casa y ella estubo de acuerdo.

Muy raro, al otro día yo fui a la tienda, y me encontre un carrito de la tienda con un bolso lleno de dinero (1999, pág. 3).   Lo puse atrás de mi coche y más tarde le llame a su casa para decirle que

81

yo habia encontrado su bolso y ella podría venir a recojerlo. No lo quize dejar en la tienda o con la policía pues alguien puede tomar su dinero. Ella contesto y vino a recoger su bolso. "¡Bueno, eso fue muy extraño! Yo nunca me he encontrado un peso en el piso ¡nunca!

Entonces este abogado Cristian que fue su nombre no su religión este Cristian me llamo diciendo que

"Ellos le dijeron que, si me acostaba con él, ellos retiraban todos los cargos"

(¡Porque mi exjefa se acostaba con cualquiera!) Hablando sobre #METOO; y despues porque no quize, pues yo respeto a Dios (él estaba casado) me renuncio diciendo que tuvo un para cardiaco ¿ataque? (2000, pág. 3)

La abogada que contratamos más tarde, El Departamento de Justicia le ofreció un trabajo a cambio de no ayudarme, y así ella no hizo nada para defenderme o ayudarme a cambio de darme de intercambio para contratarle como abogada persecutora en el condado, Se caso con un Garcia fue su nombre. Cuando comenzó el juicio, lo primero que dijo el juez fue:

"En esta corte y juicio no será cerca de los retratados en la televisión, dentro de este muro en esta sala-yo hago la ley, y yo decido cuál es la ley."

En este momento todas mis esperanzas de la verdad se fueron a la tierra y añadiendo a esto, mi abogada en la sesion de la corte estaba soñando despierta sobre su futuro trabajo y yo tuve que hacer su trabajo. Incluso la juez le dijo eso también y entonces ella despertó hasta y dijo

"¿Qué?"

"Que ella esta haciendo su trabajo." El juez respondió

"Cuantas veces más con la misma pregunta." Tuve que quejarme al juez. Ya dos horas y media que me taladran con la misma pregunta. Supongo que estaba buscando una respuesta diferente.

¡La trampa puesta va marcha por caso de discriminación! Porque soy hispana, (hispana cuando quieren.) Hablar español, no significa que todos los chinos si hablan inglés, son estadounidenses. Donde por cierto en ese país les están enseñando desde pequeño, por lo que los niños no se tienen un acento, y vienen aquí e invadir este país y no son ciudadanos estadounidenses, solo estoy repitiendo lo que me han dicho.

"Todos tenemos el mismo aspecto, por lo que usamos la misma tarjeta de seguro social y la id, uno va para la entrevista, otro hace la prueba, y otro es el que estará presente en el trabajo."

¡Necesitamos pasar las huellas digitales cada vez que vienen a este país! (sus propias palabras) ¿Son estadounidenses? Entonces "yo" no me veo así. De nuevo, le pregunto: ¿Qué aspecto tiene un estadounidense?

""¡Entonces, debe ser culpable!"

Las propias palabras del detective. Este caso debería haber sido descartado desde el primer día.

1.- yo recibí una carta firmada por mi empleador sobre Salario, y con el tiempo, mi jefe testifica que ella firmó esa carta

2.- y nunca me leyeron mis derechos, por lo que los cargos por ley deben despedido o expulsado (más tarde salió un Internet con esto)

3.- En la audiencia, no se supo nada sobre los tres cargos, por parte de mi abogado que contraté a "Christian" cuando el juez dijo:

"No escuché nada al respecto, "

"Oh, sí, juez, qué tal este cargo". Mi abogado luego me dice.

"¿En serio? ¿Estás defendiendo o acusando? "

4.- El Juez, nunca se recusó a sí misma, en ninguna de las demandas mientras era amiga de mi acusador.

Después de años de ir a la corte y faltar al trabajo. El día de la corte llegó, y al final, todos fuimos enviados a casa hasta el lunes, y el lunes el jurado estaba con la cabeza baja, (el investigador fue a sus casas y los amenazó con que, si no se les ocurría una decisión de culpable, iban a ser ...)

Entonces, entraron, y salieron con un veredicto de culpabilidad en menos de una hora. Cuando llegó el momento de que el jurado recibiera el pago, todos se levantaron y corrieron fuera de la corte

ACUSADA DE ROBAR MI SALARIO

para no aceptar este pago, y algunos se fueron en llanto caminando frente a mí con la cara hacia abajo.

¿Mientras tanto, mi mamá y yo estábamos en estado de shock? ¿Qué? Eso fue una acusación falsa, NADIE TRABAJA GRATIS Y OBTIENE UN BACHILLERATO PARA TRABAJAR GRATIS.

El juez dijo: ¡Ja! Hicimos un caso donde no había ningún caso, y ahora eres culpable. Tú y tu hijo son una amenaza para la sociedad porque quieres sobrevivir.

Nota: el juez tenía la parte superior o su escritorio lleno de Buda y otros libros malvados, en este país formado por cristianos.

Todos quieren la bendición por seguir a Dios, pero no quieren seguir a Dios.

La Juez ordenó al investigador de la policía ir a todos y cada uno de mis trabajos que tengo tres para sobrevivir e ir y contarles sobre el caso, todo el tiempo. Hizo esto cada tres meses después de encontrar un trabajo. Me dejaron ir, muy rápida y silenciosamente, unos tres meses después. Todavía lo hacen diecisiete años más tarde. Cuando este juez

CRIMEN DE CUELLO BLANCO ¿LO ES? O ¡NO LO ES ASI! |

también dijo: Buena suerte, nunca he tenido mis casos revertidos.

EN ESTE MURO, SOY LA LEY, NO ES LO ESCRITO.

Además, incluso este juez estaba presente en otras demandas hechas por la misma dama, y no pude lograr que otra persona cambiara a otro juez.

Estuve en la tienda comprando fruta, y escuché que este tipo solo hablaba con todos. Bueno, solo seguí comprando. ¡Entonces ahí está! La billetera de un hombre estaba llena de dinero (Bolsa con dinero, 2002, p.3) Solo a donde iba. Abrí la billetera para echar un vistazo a la identificación, y era que los hombres. Él estaba caminando, bla, bla, bla, lo llamé y le pregunté.

"Usted perdio su ¿cartera?"

"NO," él dijo

Yo saque la licencia de conducir, este es usted.

"¿Sí, aquí esta?"

"Oh," el dijo;

"Gracias, no me habia dado cuenta". El dijo y se fue.

¿De Verdad? ¿Otra bolsa de dinero justo a mi alcance? ¿La segunda vez de esta acusación? ¿Una trampa? Todavía estaba luchando para apelar este caso.

En reclamos pequeños, noté el Prejuicio del Juez. Ella tenía un caso donde el anciano era su vecino, y este era su tercer DUI. Sus decisiones fueron así:

"Oh, fulano de tal, te conozco, y no has cambiado, tengo que darte algo ahora". No quiero hacerte ningún daño porque somos un vecino, ¿qué debo hacer? Oh, ya sé seis meses en arresto domiciliario estarán bien, mejorate...

SIGUIENTE ... "

El abogado que apelaba su decisión nunca me conoció y no escuchó mis reclamos. Donde nunca leyeron mis derechos, donde tuve una carta firmada por mi jefe sobre mi pago y el juez no habrá ingresado. ¿Dónde mi abogado llamó a mi hermano el chico de la computadora y ella le pidió que testificara en mi contra? Cuando este abogado nuevamente me llamó y me dijo:

"Bueno, no he hecho nada porque tuve un ataque al corazón" (2002, p.3).

¿De hecho, todos ellos tenían lo mismo? El juez me dio nueve meses de arresto domiciliario y tuve que devolverle todo mi salario y ahun mas. Esta señora que hizo lo mismo con varios empleados también contando a su único hijo que más tarde, cuando vio a su madre, se suicidó en la cárcel. Ella siguió acusando a su hija marimacha. Preparándola cada vez que ella salió de la cárcel acusándola de robarle a su compañía, y ella fue la que le dio las llaves y le pidió que fuera a buscar algunos muebles, y luego obtuvo el reclamo del seguro y mantuvo su negocio con todas estas reclamaciones de seguro.

Después de que la gente allí me encontró culpable y la apelación fue terrible, el juez me devolvió a la corte. Ella sabía que mi abogado ya estaba trabajando para ellos, por lo que no tenía abogado, nombró a la única representante de su antigua oficina.

"'Te odio, y vas a ir a la cárcel ahora por nueve meses." Ella entonces dijo:

"No", le respondí

"Soy una madre soltera (divorciada) que necesito cuidar de mi hijo y trabajar, y dijo Arresto domiciliario."

Estuve tres meses en la carce, me accidente, no les importo y cuando por fin arregle mi arresto domiciliario. ¡Los guardias no me dejaban salir y nos siguieron atras del carro acosándonos! ¡Es por eso por lo que nadie queire a los oficiales!

Adivina qué mientras estaba en arresto domiciliario encontré otro carro con el bolso de una mujer lleno de dinero (2003, p.3) ¡Es simplemente ridículo! Esta vez me dirigí directamente a la estación de policía. ¡El nervio de hacer trampas a la gente!

"Sí, arresto domiciliario, pero te retienen por ahora".

Así que me acogieron y no pude organizar el arresto domiciliario hasta que tres meses después estuve en la cárcel hasta que pude llamar a la oficina de arresto domiciliario.

Años después, cuando este caso y muchos fueron enviados a la Corte Suprema del Estado y vieron todas las ilegalidades, y se publicaron en Internet, todavía no les hicieron nada. Perdí mis trabajos, Casa, tuve que paguar Cuarenta y cinco mil dólares (mi salario completo) a esta señora y el cargo ya había sido convertido en un delito menor y borrado, mientras que tuve que pagarle a otro abogado para que hiciera este papeleo. ¿Un total de cincuenta mil dólares en honorarios de abogado? ¡Más de lo que hice todo el año! ¿Quién regula su salario? No hacen nada y destruyen las vidas de las personas.

Una vez más, la Corte Suprema permite que la Persecución salga libre de todos sus actos ilegales en alrededor de ochenta casos se liberen. EXPERIMENTÉ CÓMO FUNCIONA EL SISTEMA, SIEMPRE, SIEMPRE A FAVOR DE ELLOS.

El primer caso falso, que los jueces dijeron que debería haberse descartado desde el principio. Sin embargo, ya era demasiado tarde, el hecho de este caso ya estaba hecho. Yo había hecho tiempo. Tuve que devolver todo mi salario, así que más tarde pagué de nuevo para que me lo retiraran. (Otro negocio). Así que se liberaron sin castigo, y cuando salí, noté que querían un caso abierto, para que pudieran estar seguros de que nadie podría volver contra ellos y querían asegurarse de que tuviera una "FELONÍA, culpable."

"¡Mírala, es una delincuente, y tuvo otro delito grave (falso)!"

✳ ✳ ✳

CALIFORNIA WATCH – PUBLIC SAFETY I DAILY REPORT Los fiscales escapan a la disciplina, al escrutinio judicial por mala conducta; 6 de octubre de 2010, I Ryan Gabrielson

***

...las probabilidades de que un fiscal sea castigado por mala conducta en un caso criminal son mínimas. Un análisis de los casos de apelación y los informes de los medios (PDF) 111 publicados esta semana... Proyecto de Inocencia ~~del Norte de California~~ reveló que de 1997 a 2009, los tribunales encontraron mala conducta fiscal en 707 casos. Pero esto es lo que sucedió:

***

Según el informe, de las 4.741 acciones disciplinarias públicas informadas ~~en el california estado~~ solo 10 involucraron a los fiscales, y solo seis de estos fueron por conducta en el manejo de un caso criminal. Eso es menos del uno por ciento de los 600 casos en que los tribunales dictaminaron que los fiscales habían violado las reglas (como la retención de pruebas) y donde los investigadores pudieron identificar al fiscal.

***

Eso no significa que la mala conducta fue irrelevante, ya que este extracto del estudio muestra: por ejemplo, en el caso de XXX YYY ZZZ, el fiscal, al sugerir que la acusada no había presentado pruebas, violó la regla que impedía a los fiscales comentar sobre el derecho del acusado a permanecer en silencio. el fiscal, diciendo: 'Estás realmente en el hielo fino. Como acusado [XYZ] no tiene la obligación de hacer nada de eso. Es casi ... quiero decir que es casi miserable (sic). "Sin embargo, el Tribunal de Apelaciones evitó llegar a la cuestión de mala conducta fiscal, sosteniendo:" Incluso si el fiscal cometió una mala conducta ... cualquier error era inofensivo más allá de una duda razonablee.

***

Texto original en url: http://californiawatch.org/dailyreport/fiscales-ecsape-disciplina-tribunal-escrutinio-mala conducta -5372

Enlaces: 1 http://www.veritasinitiative.org/downloads/prosecutorialmisconduct_exec_sum.pdf http://ethics.calbar.ca.gov/commtitees/rulescommission/archiveofboardaction.aspx

* * *

Otros alegatos fueron archivados porque los abogados defensores fallaron en llamar apropiadamente la mala conducta durante el juicio.

¡Por supuesto que el departamento de justicia compró mi abogado! Como mencioné en este capítulo.

* * *

Vi esto en Internet y verifiqué las fechas, y descubrí que se libraron de ser castigados. Abogados usted está allí para defender a su gente, especialmente cuando son inocentes. ¡Ponte de pie y protege a tu gente! La justicia volverá a usted y a su familia. ¡Algunos usan esto para expresarlo Karma! Todos recuerdan que se visten como ovejas, pero son lobos.

¿Law School enseña la Constitución de los E. U.? Sé que los abogados estudian casos, basan los fallos en casos anteriores, no en nuestra Constitución de E. U.

Comenzaron a buscarme y prepararon un caso, para que puedan regresar si algún día quieren abrir la caja y decirme apuntando con el dedo hacia mí:

Mira, sabíamos que era una delincuente, ahora tiene cargos en el Tribunal Federal, así que estábamos en lo cierto desde el principio. Ella es una criminal, ¡y debería trabajar gratis!

Después de descubrir esto, tomé la tarea de llamar a todos los abogados disponibles y poder ir a la Corte Federal y ayudarme, pero nuevamente como dije antes. Una vez que dije el nombre de mi caso, simplemente dijeron No y colgaron. No hay razón, no, lo siento, no, no es mi línea de trabajo. No, recibí una llamada colgada y ya no contestaba el teléfono ni me explicaba por qué. No, estoy atrapado con el siempre me dijeron que fuera abogado, pero odiaba los tribunales y no quería hacer nada con ellos. Bueno, me trajeron a la corte y al sistema sin que yo haga nada. Aprendí por mi cuenta y escribí con mi inglés rápido y roto muchas peticiones de la corte, pero todas ignoradas desde entonces

Frívola es su palabra o descartada.

No me importa ningún abogado ya que de todo lo que he contratado o solicitado ayuda se dan la vuelta y me apuñalan. ¡Qué lástima!

Solía tener a las cortes altas y los jueces en alta estima, ahora sé que van por sus creencias, y ciegan a la Mujer Justicia porque ella no haría esto. Es ciega, por lo que no puede ver todas las faltas cometidas todos los días por el juez ya que no he ganado ningún caso en la corte. Sin embargo, mi -ex-, él ganaría todas las veces. Sin acento, alto, delgado, 6 "2" y un marino (marinero fallido) pero un marino y su padre un seal. El tribunal proporciona qué abogados tendrás.

"¡La corte me paga a mí, no tú!" ellos dicen.

¿Qué tan bajo pueden llega el Departamento de Justicia y el FBI? Estableciendo cargos, yendo a mis lugares de trabajo y siguiendo a donde sea que vaya.

Intenta establecerme con cargos por drogas. Cuando terminé, los oficiales aún intentaban hacer mas acusaciones, mientras conducía a las dos de la mañana cansada de ir a ver a mi otra casa. Para ver cómo el banco había tomado todo el valor de la casa, hasta los escuzados cada vez que la arreglé, incluso si el préstamo hubiera sido liquidado. Me detuvieron por cambiar de carril sin una señal de que "nadie estaba al frente o detrás por millas". ¿Trajeron los perros, sacaron todo del coche, hicieron que el perro se sentara cuando el perro no encontró nada, durante tres horas en un lugar helado, y entonces todavía me citaron? Entraré en detalles más tarde. Es una pena hoy escuchar lo bajo que van y mienten a la corte. No tiene que creerme ahora, ni decir "bueno, tiene mala suerte", no, porque escuchamos esto y lo vemos todos los días en la televisión sobre cómo les gusta acusar con cargos criminales a las personas sin ninguna prueba criminal, pero ¿por qué?

"¡Solo, Porque Pueden!"

Yo (nosotros) solíamos sentir respeto por la aplicación de la ley, pero ahora me siento enferma hasta no querer ni oír hablar de ellos.

.

8

Sus Legalidades Inventadas

IN CONGRESS, JULY 4, 1776

DECLARATION

BY THE REPRESENTATIVES OF THE

ITED STATES OF AMERICA

IN GENERAL CONGRESS ASSEMBLED.

Sus Legalidades Inventadas

*C*obrando deudas no adeudadas. *Está fuera del estatuto de Limitaciones, entonces ¿por qué el tribunal cuenta todo lo que inventaron? XXX: No, le debo este dinero. Está fuera del estatuto de Limitaciones. En 96.5 FOX News Orlando, Clark Howard Espectáculo. Escuché este programa en la radio.*

El abogado (Sr. Lucky Charm) finalmente me mostró algunos documentos. Dije usted sabe que no soy yo y que esto tampoco es ilegal. Además, todas las demás cosas que muestra son cosas hechas por una agencia del gobierno. ¿Soy responsable de sus "errores imputables" o ¿los inventé en este caso? No soy yo y esto no tiene nada ilegal. Doce meses como máximo en la Prisión Federal de Campamentos. Lo que no es ni siquiera Quince mil y Martha Stewart hizo Setecientos sesenta y nueve mil y obtuvo seis meses de prisión y menos de seis en arresto domiciliario. ¿Solo porque ella tenía dinero? Bueno, ella hizo más y me estás diciendo ¿Un año? Wow, y no tengo más remedio que declarrme culpable por algo que ni siquiera es ilegal.

Cuentas

"Bueno", dijo;

"Ve que la respuesta a la pregunta diez fue puesta en la línea once en su lugar, por lo que eres culpable."

"¿Qué? en Cien preguntas! Entonces está bien en las otras tres páginas, más esto no es mío. El gobierno lo hace todo tan confuso que ni siquiera acordarán sus significados, al igual que lo hacen en impuestos. Ejemplo: Agregue seis divisiones por cinco, multiplique por.0564%, vaya a la línea cinco y agregue la cantidad original. "¿?"
"¡Todo es simplemente malo tratando de confundirte y de esta manera nadie tendrá razón!

Una pregunta que no tiene nada que ver con este documento, y la respuesta es correcta, pero no excelente, por eso."

"¡SÍ! Así es como es". Él respondió.

Deuda

"La bancarrota es correcta, y esta en la línea con el tiempo correcto. Si puedo verlo, puedes verlo ", dije.

"Bueno, esto es lo que tenemos, y demuestra que tienes dinero después de la llamada telefónica que hiciste en la cárcel", dijo el abogado designado.

"No, esto fue hace cinco años, y puedo probar solo mis cuatrocientos cincuenta dólares para poder pagar la factura de la luz. ¿Por qué es que, si la razón de quiebra es para que pueda levantarse y poder sobrevivir, entonces está diciendo que después de que alguien se declara en bancarrota, no puede levantarse y ganar dinero? ¡Eso fue cinco años atrás de la supuestá bancarrota que quieres que tome!"

"Sí, no puedes ganar dinero nunca más, ¡entonces eres culpable!" Dijo...

"No, eso no está bien, lo que dijiste es ilegal y erróneo. Entonces, ¿por qué llamaste a mi hijo cuando estaba detenida y le dijiste que siguiera adelante con su vida y que se alejara de mí? Además, le dijiste que nunca me volviera a hablar porque era un criminal. "Se supone que eres mi abogado y entrar en la vida de mi hijo no es ético y es malvado".

"Bien. Sí, lo siento." Dijo.

"Lo siento ni siquiera está cerca del perdon, mi hijo no contesta el teléfono, y ahora no me va a hablar por lo que le dijiste y lo asustó de que yo iba a estar en prisión por un largo tiempo, por lo que debería vivir su vida y nunca más hablar conmigo. ¡¿Qué más le dijiste, que no me habla?"

¡Finalmente, mi día de la corte llego para que saliera, ya estaba aquí!

Este día era muy raro que nos dejaran salir, lo cual debería sacarte al menos cinco veces a la semana, no una vez al mes. Nos llamaron a las cuatro o cinco de la mañana para ir al patio a tomar un descanso, todos fuimos incluso a los treinta y dos grados farenh... afuera, y nos advirtieron:

"No toquen la campana, está debajo de treinta y dos grados afuera". o esta es la última vez que salen en un mes, o más tarde nunca te dejaremos salir".

Entonces, fuimos. En sandalias y una pieza de tela. Bueno, veinte minutos, nos pondremos de pie.

20 minutos pasaron ...

40 minutos pasaron ...

60 minutos pasaron ...

Teníamos miedo de tocar la campana, y estábamos congeladas. Finalmente, abren la puerta porque vinieron con el carrito de la farmacia, la jefa de enfermeras me dio mi pastilla y siguió mirando el cuaderno, dos tabletas grandes y una de un color y la normal. "

¡No, esto no es mío!", Dije frente a todos los presos y el guardia. (y por supuesto, nunca están equivocados) ¡Mal! Entonces, dije nuevamente. ¡No, esto no es mío! Dígame qué son estas píldoras (Pill County, 2010, p.2).

"Oh, yo los saqué yo mismo, no sé, bien, ya veré". Dijo en voz muy baja. Seguía mirando al cuaderno, con la esperanza de que acabara de decir que los tomaría.

"Ok, bueno, no los tomes", dijo después de una larga espera.

¡Por supuesto! ¡Después de que ella fue la que gritó al guardia tres meses atrás para ponerme en el cuarto oscuro y siguió pidiéndole al guardia que me castigara más! Entonces, el que me prendió diciendo que traje a la cárcel UNA PÍLDORA DE OXYCODONE (¿por qué? ¿Por qué incluso prescriben esto si es ilegal?)"

¡No los tomaré!", Dije.

La cárcel hizo esto a propósito para hacer que me angustiara y congelara para confundirme y tomar cualquier cosa que me dieran, principalmente porque ese era mi día de ser liberada. Tratando de drogarme, entonces iría a la corte drogada. ¿REALMENTE en los EE. UU.

¿Fui a la corte, el abogado designado no estaba allí, alguien más de su oficina estaba allí, así que todo fue sin problemas, y el otro estaba escuchando por teléfono?

Finalmente, me llevaron a la cárcel antes del juicio para recoger mis cosas y llevarme al aeropuerto. Fui a la cárcel y la primera persona que vi fue a la dama con los tatuajes y los anillos que regresaban a la celdá ya vestida y sonriendo, después de meses en la sala de la cárcel. Toda feliz hasta que ella se dio vuelta y me vio, y su expresión cambió a una cara pálida y agachó la cabeza y corrió hacia el interior de la cárcel.

"Sí, sé lo que haces", dije.

La mujer tatuada se puso roja y corrió lejos de mí.

Volví a la habitación de la carcel y tuve que llamar a mi abogado. Se supone que también tendría un descanso de dos horas, dentro de la cápsula, así que entré y una vieja y gorda dama guardia, ella estuvo de acuerdo.

"Oh, sí, puedes tomar tu descanso y llamar".

"Gracias",

Entré en mi habitación para obtener mi número de teléfono, y ella vino atrás y cerró la puerta detrás de mí.

"Ja, ¡no vas a llamar a nadie! y me pregunto ¿qué vas a hacer en la Prisión Federal",

Gritó frente a todos los presos. Respondí de la misma manera.

"No, soy inocente, así que no iré allí, y ese no es tu lugar para decir quién es culpable o no. Además, vine a buscar mis números de teléfono y tomarme mi descanso, ¿por qué cerraron la puerta?"

"NO VAS A LLAMAR A NADIE."

"¡El tribunal dijo que ya salgo!"

"No, te vas a quedar", la mujer guardia dijo y salió de la cápsula. (Otra vez los oficiales creen que ellos pueden hacer lo que quieren y detenerte sin cargos) No podía salir de la habitación, todos miraban cómo me maltrataban. Llegó el conteo y el cambio de turno, no me llamaron para salir, le pregunté al nuevo guardia."

Por favor, se supone que salgo hoy, y el prejuicio guy me está esperando arriba, ¿puedo hacer una llamada?"

Él me dejó, y yo hice la llamada, y el abogado me informó que después de más de tres meses de estar allí, decidierón prepararme para ir a la corte al día siguiente en el cargo estatal "The Pill-contraband-drug".

"¿Un cargo criminal por la píldora de contrabando como un cargo de drogas?" (Carga de drogas, 2010, p.2)

"¿Qué?"

La guardia me vio en el teléfono, gritó y me maldijo. Sin embargo, ella se estaba yendo. El día siguiente fui al tribunal estatal por este cargo falso. La Persecución aún no había decidido si iban a presentar cargos, por supuesto, ¡no tenían nada! Este juez me deja ir por mi propia cuenta. Finalmente estaba fuera. El chico de Pretrial le dijo a mi hermana moribunda antes

"No sé quién está tratando de lastimar tanto a tu hermana; ella es inocente, su examigo debería estar en prisión."

Bueno, cuando él me recogió para llevarme a la parada de autobús y tomar el avión. Él siguió mirándome y finalmente dijo;

"Cómo te trataron en la cárcel", mirándome frágil, delgada y desorientada por lo que había pasado durante estos tres meses y medio de haber sido secuestrada. Respondí:

"Bueno, fue un infierno, y la comida es todo pan y arroz, que ningún humano puede comer, o animal para ese caso."

El chico de PreJucio me llevó a la estación de autobuses. Estaba insensible. Parecía que no podía relacionarme con todas las personas que iban de un lugar a otro. Eran libres de entrar y salir por favor e ir de compras o decidir qué comer. Ni siquiera podía comprar un pedazo de una barra de chocolate. Tenía tanto miedo de todo. Finalmente me metí en el camino dentro de la estación de autobuses. Vi la hierba, los autos, todo era nuevo. Yo era como alguien que acaba de recuperar sus sentidos. Llegué al aeropuerto. El banco, las opciones de comida, poder ir a un baño real y vestirse con ropa de verdad, eran tan inmensos. Compré una pequeña bolsa para llevar mis cosas y sentí que era un sueño. Después de haber tenido esta trampa y secuestrada, todo este tiempo yo era otra persona. Vi todo diferente, y no podía confiar en nadie. Mi cabello se volvió gris, tenía arrugas ahora, enferma y muy frágil. Ni siquiera podía caminar porque mis pies se deformaron con las sandalias usadas y no podía caminar recto. Mi hermana se puso muy enferma. Traté de ayudarla a recuperarse. Ella se dio por vencida diciendo; no, esto es horrible La gente se ha desconectado tanto de Dios y es tan malvada. Entonces ella simplemente dejó de pelear. No entraré en detalles aquí. Este libro trata sobre "El FBI y sus jueces" y no sobre mí. Más tarde, cuando finalmente llegué a casa. Me pidieron que volviera por todo el país para ir a la corte estatal por ese cargo falso. Al igual que alguien tiene el dinero para comprar boletos de avión para ir y venir como le plazca a la corte. Le describí al juez lo que sucedió y que me dijeron que en dos días lo sabrá y después de tres meses siguen jugando, por lo que el juez desestimó. No después de haber sido llamado para viajar varias veces solo por esto. Mientras estaba bajo arresto domiciliario por el caso federal, y aún no sabía cuál era su acusación.

NOTA: el juez federal usó el cargo falso del estado en su caso. Además, muchos años después, todavía lo encuentro en mi registro. Incluso cuando la Persecución lo desestimó, y sin cargos. Por supuesto tengo que decir que nunca usé drogas, incluso cuando fui a la corte, o que presenten cargos, pero lo hicieron válido ya que todo lo que dicen es.

"Creemos que sí, así que lo eres".

Entonces, el chico Pretrial me dejó en la parada del autobús, y estaba mirando todo. Todo parecía nuevo, el aire, el ruido, la gente. Podría llamar a mi familia Mi hermana, su voz sonaba como una máquina, estaba mejorando cuando estuve allí. Luego, después de estos meses de mi secuestro, ella se puso más enferma, y cuando llegué allí, ella se daba por vencida. La llevé de vuelta, pero estaba frágil, toda la ventaja contra su cáncer que teníamos se perdió en estos tres meses, lo que para el cáncer es mucho tiempo. Volé a casa y tuve que volver a pagar por mi billete de avión, y me perdí el tix volante anterior. Estaba de vuelta. Me sentí tan, muy raro. Nada es igual después de haber sido secuestrada y tratada como un gran criminal. Tomé el avión y finalmente regresé a casa.

9

Arresto Domiciliario

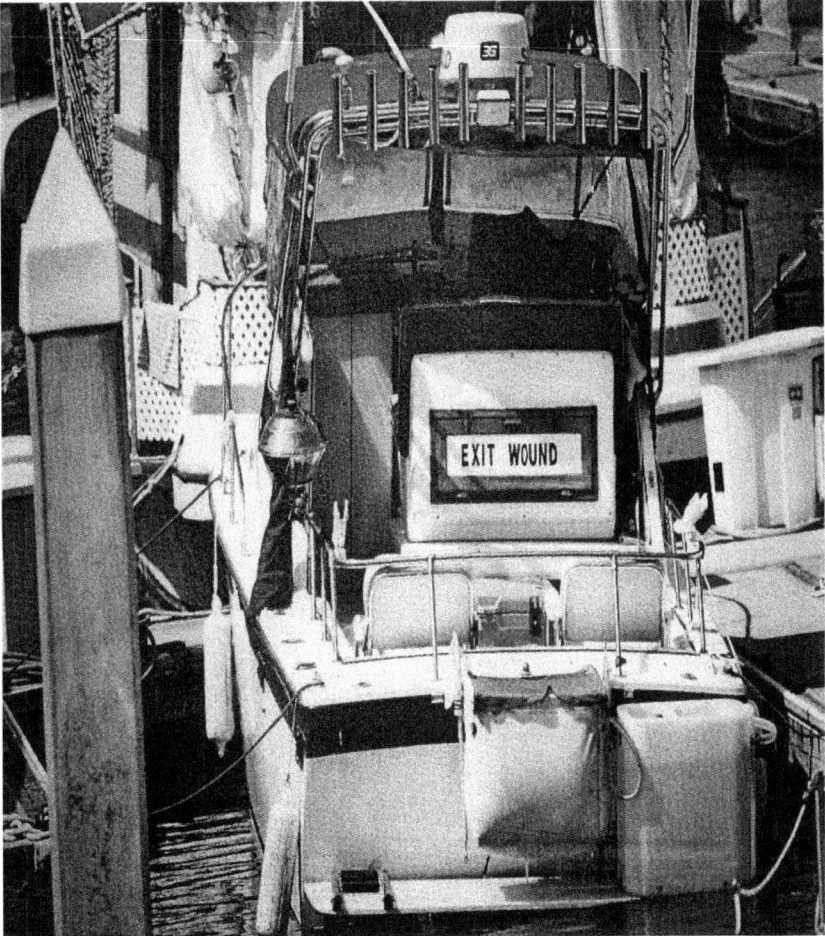

Arresto Domiciliario

*B*ueno quiero saber también. Porque me retuvieron durante tres meses y medio y estuve presente en el tribunal siete veces o más y nunca escuché su queja, o cargos. ¿Podrías establecer el perímetro lo suficiente como para permitirme caminar fuera de mi patio trasero?

El juicio previo en este estado vino a establecer mi arresto domiciliario, y pregunté:

"¿Cuándo puedo salir a comprar comida?"

"Bueno, déjame ver ¿De qué te acusan? ... "

"Yo misma quiero saber."

"¡No, esto no puede ser!"

"Oh, sí, lo es",

"Bueno, avísame si puedes averiguarlo".

Fue a revisar y dijo:

"Tu tienen razón vamos a organizar las horas."

Así que, tengo el brazalete grande de tobillo en mi pierna y en casa. Mi Papá sirvió en la Marina durante dos guerras, nació y se crio en California, y yo crecí fuera de los Estados Unidos. Por lo tanto, tengo un acento. Además, ahora soy la única discriminada como ilegal. Como la primera vez, el juez me dijo, y el detective de la policía dijo

"Tu eres hispana, pero no te miras como ellos así que TU ERE ¡CULPABLE!"

Todo esto debido a esas personas que quieren comprar el negocio. El hermano de la mujer para la que trabajé antes; y me acusó de no trabajar "gratis" para la que trabajé anteriormente. ¿Quién le dijo al juez cuando yo era su Contralor que "ella penso que yo trabajé gratis?" Y ahora venían ocultando su identidad y compraban un negocio que no querrían pagar y luego utilizar para acusarme de fraude. Vendimos el negocio, no mi vida ni nada que me involucre. Voy a repetir los pasos que tomé después de ser libertada condicionalmente. (del capítulo siete)

Pase todo este tiempo en arresto domiciliario llamando a abogados de arriba a abajo de ese Estado para que me representen, pero una vez que escucharon el nombre del caso. Simplemente se negaron, y dijeron:

"Buena suerte".,"

Ningún "abogado" tomaría mi caso. ¿Dónde vieron que nadie debería ayudarme? A demás, ¿por qué está pasando esto?

Bueno, ahora sé que tienen el club de abogados, tienen el club de chicos y si un abogado toma un caso, no se atenuaron. Se vuelven no más sus hermanos y el asesinato de su carrera. Entonces, todos están relacionados y ganan hasta quinientos dólares por hora por no hacer nada, y una carta cuesta entre quinientos y dos mil dólares, mientras que el salario mínimo es de cinco dólares y cincuenta centavos por hora. ¿Quién puede pagar el sistema?

¿Por qué es así? ¿Por qué deben cobrar todo ese dinero, quién los regula? Entonces, ¿quién puede pagarlos? Además, ¿por qué destruyen las vidas de otros para mantener funcionando a su club y defraudar a los contribuyentes, simplemente jugando con la ley y jugando como un gobierno? Aprendí esto mientras escribía este libro y vi que en el elemento publicado lo mencionaban. Para hacer esto real, traté de contratar a tantos abogados en casos que ya he ganado, pero el juez no dará la victoria predeterminada, en su lugar, han hecho que los documentos desaparezcan y luego, de prisa, los declararon como

"Falta de Perseguir el Caso."

De hecho y todo mis suplicas, ¿qué? ¿Solo el gobierno y los bancos pueden ganar por defecto? ¿Dónde está escrito eso? - en su club por supuesto--. Tenía un abogado que dijo que sí a una de mis denuncias. Sin embargo, después de días de no devolver la llamada, decidí llamarlo, y él respondió literalmente.

"Oh, lo siento, sabía que no pude ayudarte hace tres días, y no te llamé, no tomaré el caso. Me dijeron que no lo hiciera."

"¿Qué? ¿Quién te lo dijo?"

" Oh, ¡adiós!"

Sr. Lucky Charm me llamó y me dijo: "Sí, así que le pediré a la corte que te traiga de vuelta".

Esto fue en noviembre, nuevamente en las vacaciones, ¿En verdad? Todavía estaba detenida en la casa, lo que no contaba en mi condena

Me retuvieron durante un año y medio antes de que se me diera a conocer una denuncia.

Eso es ilegal, y deberían haberme dejado ir. Más tarde, ni yo ni mi Oficial de Arresto de la Casa en este momento obtuvimos información o tix para regresar a la corte para una "Declaracion de culpabilidad". Recuerde que esta "queja" comenzó todo junto al hecho de que yo era una mujer Emprendedora con acento y su corrupto sistema "the Boys" no se les permitiría

Su Falso Juego

Unos días después de esto; Recibí una llamada de un FBI en mi estado de residencia.

"¿Qué? ¿Quien? ¿Por qué? NO, hable con mi abogado."

Yo llamé a mi abogado, veo que prometiste no jugar o inventar mas cargos falsos en otro lado, y ahora me llaman de mi estado.

"Bien, llamaré y les haré saber que no te molesten, y me ocuparé de ellos. No hables con el FBI."

Me acidente y me enviaron al hospital, entonces mi hermana estaba muy enferma y terminó en el mismo hospital donde días más tarde murió rodeada de toda mi familia, gracias a DIOS. Pedí ayuda en mi caso de varias organizaciones, y que yo solía darles dinero. A ninguno de ellos le importa;

"Lo siento, estamos demasiado ocupados".

"NO, solo si te van a matar, ejecutarán".

"No, a menos que perjudique a varias personas o a un grupo de personas".

"No, el equipo Legal Christian Jay Sekulow, no,

pero por favor envíenos dinero.

"No, no podemos ayudar, las noticias

NBC me ignoró

FOX me ignoró

E.U. me ignoró

Las noticias locales me ignoraron.

Algunos otros también me ignoraron,

Así que, después de que me ENVIARON al primer Estado, que no tenía cargos para darme, ¿se dirigieron a ellos dos años más tarde para pretender cargos por fraude y estaban acusandome de fraude?

Unos meses más tarde, en noviembre, me llamaron para ir a la corte en mi estado porque estaban presentando más cargos. Este juego es viejo. Entonces, todo este tiempo estuve bajo arresto domiciliario y cuidando a mi hermana

Ahora fui a la corte, el abogado designado, cambio la fecha a un día mas cercano de diciembre. El FBI me llevó a la corte en mi estado, y el juez me dijo que estaba acusada de abrir un caso de bancarrota (este era mío, pero yo, el FBI secuestrado, y no pude finalizar el retiro) y Decidi no hacerlo y retirarla. (Fraude 2, p.1) Me di cuenta de esto, volví a escribir este libro.

Todo comenzó con GMAC Mortgage Bank. El oficial del banco me mintió al comienzo del préstamo cuando compré mi casa. GMAC me dio un interés del trece por ciento en mi hipoteca cuando acordamos un seis y medio, y además de ¡que puse la mitad del costo de la casa para el pago inicial, y mi crédito fue excelente! Estaban procesando mi Obama Home que no les gustó. Los llamé el viernes para ver cómo estaba la aplicación, y fue por la mañana:

"Oh, tenemos quince días para trabajar en ello y decidir".

El Banco me dijo.

"Ok, llamaré el martes".

(El lunes era festivo) Por alguna razón, llamé ese mismo viernes para ver el proceso de solicitud, y esta fue su respuesta.

"Oh, lo negamos y el martes tu casa está siendo rifada en el juzgado."

"¿Qué? ¿Por qué? Acabo de llamar esta mañana y me acabas de decir que estás trabajando en eso y que tienes quince días para ver si califico. ¡Así que califico!

"El Banco respondió:" Riendo, ¿no lo entiendes? No queremos tu dinero Queremos su casa, por lo que se rifara el próximo martes ". Entonces colgaron.

Llamé a los abogados y me dijeron que debía declararme en bancarrota. No estoy de acuerdo, recuerda que no soy muy aficionado al Sistema.

Bien, ingrese una bancarrota de emergencia y luego trate de resolver esto con el banco y deje que el juez sepa a qué se refirió. Sería la única forma legal, dijeron.

El martes por la mañana el banco me llamó y se disculpó, después de recibir la bancarrota y dijo: "Cierre la bancarrota porque vamos a trabajar con usted".

Entonces, fui al juez y al juez. Convenido, y ¿Dos años después me acusaron de FRAUDE?

Lo que ni siquiera es un crimen. Un crimen es cuando alguien hace algo para lastimar a una persona. No hice nada y no lastimé a nadie, nadie perdió nada más que yo, así que no hay maldad, pero lo juntaron con la otra pretendida "información" no es un hecho sino RUMORES en el que ni siquiera fui yo, lo lograron parecer un gran caso.

El primer arresto mencionado al comienzo del libro. Todo lo que el abogado me mostró allí. Antes, podía salir de la carcel donde estube por tres meses. Acosada y secuestrada, secuestrada por el FBI, otra vez. Nunca fui acusada o informada en todo el tiempo de la corte en que estuve presente en cuanto cuáles fueron mis acusaciones o RUMORES. La razón de por qué el FBI creó este informante para hacerme viajar tres mil quinientas millas de mi casa a través de mentiras y me secuestró. Así que continué hasta que ya estaba en la Facilidad Media. Eso es dos años después, ya que entraré en detalles en otro capítulo. El abogado este día antes de dejarme ir bajo arresto domiciliario trajo muchos libros, y todo lo que él me mostró fue inventado por alguien, o documentos que solo el gobierno puede emitir si hacen bien su trabajo. ¡No tenía nada! MEJOR DICHO, NO TENÍAN NADA EN MÍ.

TODOS LOS DOCUMENTOS GUBERNAMENTALES ELABORADOS EMITIDOS POR EL GOBIERNO. Es ilegal mantener a alguien cautivo sin cargos durante más de un mes, Y si en un caso de terrorismo el tiempo es de dieciséis meses, creo que, a lo sumo, mucho menos dos años y luego adjuntaon a esto una declaracion de culpabilidad en medio de la que me forsaron firmar.

¿Qué quiere decir FRAUDE, porque la retiré, la cerré y el juez dijo que estaba bien? Sin embargo, SORPRESA, el caso original había puesto una orden de arresto por no estar presente en la corte. Dijeron que nos dijeron y que me enviaron un boleto de avión. Estaba en mi Casa en aresto domiciliario, el oficial, y yo estabamos confundidos. No sabíamos nada de esto, pero aún así, me metieron nuevamente en la cárcel en diciembre de 2011. (FeloBK, 2011, p.1)

Archivé la prueba de que era inocente y de que todo lo que decían e intentaban señalarme estaba equivocado. Si yo pudiera obtener toda esa información, ¿cuánto más podría hacer el FBI? Sin embargo, no es eso. La cuestión es de qué le vamos a pinchar

"Solo, Porque podemos."

Pedí que me devolvieran el CD con todas mis pruebas de inocencia. Ya que no lo usarán en la corte o incluso lo leerán, y también les proporciono una versión impresa. La versión publicada está archivada. El Juez negó haberlo escuchado y negó que me devolviera el CD.

Luego, fui enviada a la Corte Federal de Georgia, cinco días antes de las vacaciones, nuevamente. Los Marshalls me llevaron a otra cárcel. Esta vez el Juez Magistrado quien me prometió que iba a esperar a que mi abogado designado regresara tres días después de las vacaciones. En mi cita en la corte, mi abogado designado no estaba en la ciudad y no cambio la fecha, así que obtuve un agente temporal que no sabía nada sobre el sistema judicial federal. En otras palabras, ¡no tienes suerte y no tienes derechos! El tribunal no lo escuchará si no tiene un abogado, incluso cuando diga: "Me represento a mí mismo".

Las excusas del Juez se presentaron amistosa y amablemente para que yo estuviera de acuerdo ... "Haré esto por usted ", dijo.

De esta manera, no tuvo que enviarme de vuelta al Primer Tribunal en una fecha fallada de la corte "alegada falsamente". ¿Faltó la fecha de corte? Una fecha en la corte que nadie conocía y los comisarios le enviaron un correo electrónico con un boleto electrónico con un nombre que no tenía identificación, en otro nombre. Mi oficial de aresto domicilirio (¡arresto domiciliario!), La corte y yo no sabíamos. Entonces, ¿cómo puede tener una orden de arresto para alguien, cuando ni siquiera mi oficial en cautiverio lo sabía?

Otra forma que no les importa ver quién tiene razón. "Bueno, no quiero hacerte daño". No te enviaré allí, y te retendré aquí por tres días y hablaré con tu abogado cuando regrese "Palabras del juez;

(Porque estaba de vacaciones y no estaba presente el primer día de la corte, que ni siquiera la había conocido). TERCERA VEZ ENVIADO A LA CÁRCEL EN DICIEMBRE. ¡Este juez se estaba burlando de mí!

El tiempo pasó. Me enviaron lejos a una cárcel donde la población era noventa y nueve por ciento negra. En Georgia, los negros son tan discriminatorios, todos se juntan y te intimidan, no importa si están equivocados, pero los hermanos se ponen de pie juntos, dicen, en lugar de enviarme a la que está alrededor de la cuadra.

No, me enviaron a más de una hora de distancia, por lo que nadie podrá venir a verme y las llamadas telefónicas no funcionarán debido a la larga distancia. (todo planeado). Los Marshalls tienen centros de detención a cinco minutos de distancia y otro a veinte minutos de distancia. No, los Marshalls me pusieron a uno lleno de negros, y lo digo por la forma en que se comportan. Animales, siempre luchando, siempre luchando por la televisión que estaba colgada en la parte superior de un TV de treinta pulgadas para mirar. Lo siento, pero no mirarán el T.V. Jugarán la carta negra. Gritarán a todo pulmón. Correrán y caminarán en la habitación, y el canal de televisión debe estar en el BET, Jerry Springer y las últimas Mentes Criminales, todo arruinando sus mentes y llenándolo de crímenes. No hay ventanas, las duchas estaban abiertas, nos servian un pan de caja entero por día por persona, tres trozos de carne fría y dos bolsas de mantequilla de maní para un sándwich. Todos pelean por el hielo que vendrá dos veces al día. Por la mañana, tienes tres pedazos de pan, sémola, leche falsa y fruta dulce llena de jarabe de maíz. Dos veces al día te sirven, así que guarda tu comida para más tarde.

Los tres días en la cárcel que el juez me dijo se convirtieron en tres meses. Llegó el momento de la corte, y nunca me llamaron para ir a la corte, tuvieron sus reuniones sin mí, me enteré porque solicité el acta de mi caso, y había más de diez veces donde se reunieron sin mí. Nunca conocí a mi "Abogado Designado". YO no tenía voz ni voto de decir y me mantuvieron en la oscuridad, jugaron su juego, y yo la interesada, y no tenía forma de dar mis dos centavos. Finalmente vi a mi abogado un mes y medio más tarde. ¿Qué te ha pasado? No he estado en la corte; el juez hizo cita en la corte por tres días más tarde, ahora es más de un mes, y usted tampoco ha venido. Ella, mi abogada designada, que acaba de graduarse de la escuela, dijo:

"No sé lo que dices". (Esta fue la primera vez que la conocí después de meses de estar en la corte) Bueno, tengo los informes de la corte, no has venido a verme, y has estado en la corte varias veces sin que yo esté presente.

"Oh, no, no lo hice, pero el juez dijo que dejaras de escribir a la corte porque te están ignorando. ¡Asi que

no vera su día en la corte hasta que se declare culpable! ¡O se pudrirá en la cárcel! "(Plea Guilty, 2012, p.2(declaración culpable, 2012, p. 2)

Enmienda 7

En los juicios de derecho común, en los que el valor en controversia excederá de veinte dólares, se preservará el derecho de juicio por jurado y no se probará ningún hecho por un jurado, será reexaminado de otra manera en cualquier Corte de los Estados Unidos, entonces de acuerdo con las reglas de la ley común.

Enmienda 8

No se exigirá fianza excesiva, ni se impondrán multas excesivas ni se impondrán castigos crueles e inusuales.

Las palabras exactas de mi abogado designado. Disculpe; primero estoy aquí porque no fui a la corte cuando tuve que tomar un vuelo en nombre de otra persona. Que tenía que ir sin el conocimiento de mi oficial de arresto domiciliario y con el brazalete de tobillo al otro lado del mundo, cuando nadie lo sabía, y cómo tomaría un avión en un nombre que no soy y que no tengo identificación. Crees que el avión me permitirá tomar un vuelo si incluso cuando tienes tu identificación, investigan y buscan. ESTO ES PURA ESTUPIDES. Además, ¿por qué estoy abogando por el primero, nunca me acusaron, y han pasado diecisiete meses para qué? Sin que el tribunal me diga los cargos o las quejas. (tenga en cuenta que esto fue con mi inglés roto.) Yo era contadora por una razón. No hablaba ni entendía inglés el setenta y cinco por ciento de las veces. Entonces, ¿cómo podría saber sobre sus reglas, regulaciones, mis derechos nunca, nunca? fueron leídos, y el lenguaje legal de la corte, ni siquiera los lugareños entienden, entonces ¿cómo podría yo. ¿Es por eso por lo que me hicieron tantos FRAUDES, pero aún así lo hacen a otros? (como lo han intentado hacer con el presidente Donald ¿Trump que en este momento en 2011 le escribí a través de Facebook preguntándome si esto podría ser cierto?)

10

Declararse Culpables O Se Pudrirá En La Cárcel

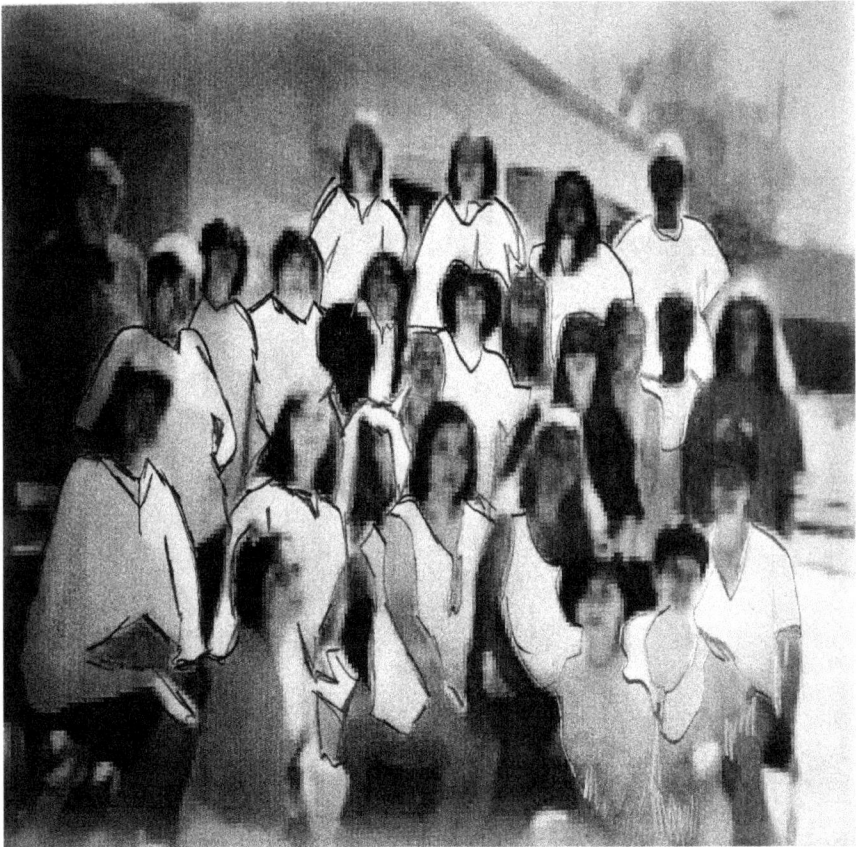

Declararse Culpable O Se Pudrira En La

Cárcel

O h no, no sé, pero el juez dijo para dejar de escribir en la corte porque te están ignorando. ¡Para que no veas tu día en la corte hasta que te declares culpable! ¡O te pudrirás en la cárcel!

"Bueno, les traeré la cion de Culpabilidad cuando la tengan lista, adiós ", Dijo mi abogada designada.

En la cárcel, en el tiempo de la cárcel, una mujer negra que ha estado allí tantas veces y acaba de salir del agujero, entró en mi habitación, robó mis únicas galletas y estaba moviendo mi cama.

"Por favor, sal de mi habitación", le pedi.

Ella se volteó y con la mano abierta embarró mi rostro contra la pared. Me dejó una marca e incluso mató algunos de mis vasos sanguíneos pues hasta ahora, esta parte de mi cara está seca. Cuando finalmente le pedí a la farmacia que Vick's se pusiera mi Bruce,

"¿Qué pasó?", La farmacéutica me preguntó:" (Negra)

"¿Por qué no regresó al agujero de donde acaba de salir hace tres días? Le pregunté a la enfermera.

La respuesta fue ...

"Si te sientes amenazada te enviaremos al agujero, pero ella viene aquí tan a menudo pues ella se queda más tiempo que tú, por lo que se queda,"

MAGNIFICO el mal siempre gana aquí.

Después de dos semanas mi Designada Abogada apareció, recuerda que tuvo que conducir más de una hora para venir a verme. Ella siguió sus juegos, y nunca leyó la Plegaria antes de presentármela.

"Aquí está, la Plea, sé que te gusta leerlo, así que lee".

Ella dijo; Dos cargos de fraude de Bancarrota que ni siquiera fueron dados de alta ni procesados. Además, el primer recuento de un cargo por ...

¡Espera!

ESPERA

A Esto ...

Espera ...

Esperalo »

"Un conteo de hasta 250 kilogramos de posesión de cocaína con la intención de vender.

¡Dos cargos de fraude de bancarrota! "

Luego tomó otros papeles y no me dejó leer, entonces no pude aceptar algo que ni siquiera sabría, así que nunca lo admitiré o lo firmaré.

"OH NO, ¿eres real? ¿Has leído esto antes de llegar hasta aquí?" Le pregunté

"¿Ah, Hmm? ¿Qué? "Ella dijo:

"Aquí, la posesión de cocaína, nunca he visto drogas o quiero.

Su respuesta: "BIEN, eres una minoría, entonces eres culpable".

"¿Qué? Entonces, ¿me estás diciendo que mi papá y mi familia anterior sirvieron a este país y que no podemos tener cerebros o ir a la universidad? ¡Para hacerle saber que toda mi familia siempre ha tenido un título! Mejor que tú, de mente estrecha, ¡y NO, no fui a la universidad para trabajar gratis o para que el gobierno tomara mi dinero y lo extendiera a ILEGALES!"

"OK, solo fírmalo, y lo cambiaré más tard ". Ella dijo.

"THE NERVE!, NO, lo guardare esto y lo registrare en la corte. USTEDES NO ESTÁN ORDENADOS y están cometiendo fraude".

No se debe permitir que esta abogada Ann practique. Le escribí al juez, y nuevamente fui ignorada, incluso por los otros cargos. Comenzando con el primero que era falso y ridículo y no un crimen bajo la ley.

"PERO DENTRO DEL TRIBUNAL, LA LEY ES EL JUEZ Y EL / ELLA DECIDE LO QUE ELLOS QUIEREN LLAMAR, TODOS LOS NOMBRES EN SU LIBRO MALO QUE NI SIQUIERA OÍAN ANTES, PERO"

ESTO ES LO QUE CREO "-

EL JUEZ DIJO."

¡Blah! ¡Blah! ¡Blah! NO TENGO NINGUNA PALABRA PARA DESCRIBIR ESTE INFAMIA.

"Finalmente, iba ir a la corte. Allí fui visitada por mi abogada designada. (Recuerde que el TRIBUNAL FEDERAL, y ella acaba de salir de la escuela) dejando a todos los otros abogados con experiencia en casos, este abogado recién graduado fue llevado a todos los casos ya que descubrí que incluso los otros abogados en la lista nunca fueron llamados por el corte para representar a cualquiera.

Ella entró vestida:

"Oh, esto es genial. Aquí, ahora firmen este documento, sé que les gusta leerlos, este es su Plea, siga exactamente como dice, y este otro donde le está diciendo al juez que lo he visto más de quince veces, y usted está contento con mi representación."

"Sin embargo, no lo soy, y solo fuiste dos veces".

"Bien, ¿quieres volver y nunca ver el tribunal?"

Hmm, no hay elección, ¡parece que esta es la ley para ellos!

Fastidialos

"¡Solo, Porque Podemos!

"No entiendo estas preguntas y respuestas en la Plegaria."

"No te preocupes, te señalaré cada pregunta, así que solo le leíste al juez". Este abogado nombrado responde:

¡Vaya, es un espectáculo falso, el tribunal no es más que una broma! Además, ¡yo tenia tanto respeto por el sistema!?! Supuse que había firmado esta Declaracion de Culpabilidad, pero le dieron al Juez una Declaracion de Culpabilidad donde adjuntaron una Petición del otro Estado entre la de este Estado sin decirme después de que yo firmé una sola, y no tenía a nadie que me ayudara. (Yo estaba al tanto de esto después de que el abogado de apelación me envió una copia de mi Declaracion de Culpabilidad archivada.) Solicité un intérprete, pero le advirtieron que se callara y no me dijera nada, simplemente siguiera la corriente. Era un cajero en comida rápida. "Grandes referencias, alguien sin siquiera tener un título", el juez me negó el derecho de tener un intérprete. CAUSA PARA DESECHAR EL CASO.

Finalmente estaba en la corte. Nadie del exterior estaba allí. No, a nadie se le permite ingresar al tribunal federal y mucho menos tomar un teléfono celular dentro del juzgado. No quieren que nadie vea la burla que la corte hace a la Constitución de los Estados Unidos. Hoy día.

Mi abogado entró y se sentó a mi lado. Una mujer joven, vestida en tacones muy altos, falda corta y blusa de corbata, pelo largo y castaño, flaca. Se sentó y giró la silla de un lado a otro. Como un pequeño de dos años y me dijo.

"¡Estoy tan emocionada! ¡Estoy en el Tribunal Federal Jaa!"

De hecho, este esta es mi abogada designada, y el tribunal me neguo a otros dos, que aceptaron representarme. ¡Donde estan mis DERECHOS!

Aquí, oíd, el honorable juez bla, bla, bla, todos de pie. (novela)

Estaba allí de pie en el podio. Mi abogada por un lado y el "traductor por el otro" El juez leyó algo,

"No tengo idea", dijo el traductor.

No entendí todo el balbuceo rápido cuando el juez le dijo al intérprete que se sentara. Mi abogado a la derecha señalando la respuesta que debería dar escrita por ella.

¿La Plea se cambió a "Count 1 & 3? Declaración falsa sobre bancarrota (porque cerré el caso) Fraudes de bancarrota de los conteos 2 y 4

El alegato final fue solo para

• CARGO 1 declaración falsa en bancarrota (que me mostraron una página y firmar ahora, o "se pudrirán en la cárcel")

El juez estaba feliz de haber seguido el juego, así que se me permitió ir a la corte, y el juez me deja ir en mi Bonos de los E. U. (Ciudadano estadounidense, con mi dinero adjunto). Diez mil dólares. Después de esto, hay un largo proceso a seguir para juzgarte y darte tu sentencia. Recuerda que estaba luchando por no ir Doce meses en la Prisión Federal (Campamento Federal).

¿He mencionado que me llevaron a una cárcel a una hora y media de distancia, así que cuando me pusieron en libertad bajo fianza después de tres meses y medio sin visto el tribunal? El sheriff me llevó allí y me dijo que tenía que recojer mis cosas. Bueno, qué ropa, que lal voya aquemar, puedo reemplazarla. Oh, no tenemos que llevarte de vuelta a la cárcel, y luego te liberarán ...

Entonces, allí estaba después de dos horas de manejo lento. Llegué allí desde el momento en que llegamos al momento en que me dejaron EN LA CALLE por tres horas. Así que fui liberada a la calle, no pude hacer una llamada telefónica a alguien para que me recogiera o direcciones a la parada de autobús, NO, simplemente tirada en la calle en el medio de la nada. Tuve que caminar cinco millas para llegar a una tienda y preguntar si podía hacer una llamada telefónica, luego esperar para ver quién de mis amigos vendría.

My Amiga la negra "Mejor amiga, hasta nos llamamos hermanas" Bueno, cuando ella vio lo que me estaba pasando, y su hijo estaba en la cárcel entrando y saliendo por algo que no cometió según ella. Bueno, ella vio la oportunidad de robarme. Ella se hizo cargo de la tienda, puso senales de clausura y cierre y toda mi mercancía estaba veinticinco por ciento por debajo de "¡Mi costo! Y encontré toda su mercancía en mi tienda. Mis ventas incluyeron su mercancía, y mi cajón estaba vacío. Ella vino después de poner toda la tienda en orden, y le pregunté

"¿Dónde está el dinero para las ventas?"

Ella respondió, "dentro del cajón de la caja".

Abrí el cajón de dinero, y en tres meses y medio, solo había diez dólares.

"¿Diez dólares? ¿Dónde está el resto y por qué fue este Closing store signos?"

Su respuesta fue: "¡Oh, estoy herida!"

¿Por qué?"

"Simplemente me llamaste NEGRA",

"Perdóname", su hija y yo estábamos confundidas.

"Sí, dijiste que yo era negro".

"NO, dije que te vestías de negro, y no pude verte en esta luz".

"Bueno, mi hija trabajó, y tuve que pagarle".

Sin embargo,

"¿Qué? sobre el dinero que recibí en el correo y todas las ventas? Entonces, le pagaste a tu hija y las cuentas, bueno, supongo que está bien.

"No, más tarde estaba trabajando, y la compañía de electricidad vino a cerrar la electricidad."

"¿Qué?"

"Sí, no se ha pagado durante tres meses".

"Oh, no, déjame ir y pagar".

Entonces, mi amiga negra se llevó todo mi dinero. Más tarde me dijeron que gastaba mucho dinero, excesivo en sus hijas Prom, uñas postizas, cabello falso, cuerpo falso, y tenía tanto dinero que dio el pago inicial de un automóvil nuevo y tenía toneladas de mercancía nueva como nunca lo fue capaz de comprar ¡Todo en la sangre, no puede cambiar la Biblia!

Bueno, después de dejar esto, volvamos al'

11

PSJ Averiguaciones Previas, Para Sentencia

Psi Averiguaciones Previas, Para Sentencia

L a incorporación de marcos específicos de las directrices dentro de los cuales el tribunal debe ordenar el castigo, que determinan con precisión lo que sucede después de ser declarado culpable de cometer un delito. Las investigaciones iniciales, a veces llamadas PSI, a menudo son parte de estas pautas, principalmente cuando la ofensa es un delito grave (PSI, p. 2)

PSI qué vurla: es aquí donde ponen por escrito para ellos dentro de su gran juego de Convicciones. Este informe no es público. Ni siquiera se lo puedes mostrar a tu familia según ellos. No quieren que nadie vea sus mentiras. El juez basa su juicio en lo que ponen allí. Van a tu casa y te entrevistan, y les muestras que todo esto es una mentira. Quieren dejar en papel, tu vida desde el nacimiento y todos aquellos a quienes conoces. Se van y se ríen de tu cara, incluso cuando te muestro el original y cómo los abogados no seguirán con eso. Simplemente, te ignoraré. Tuve otra entrevista más tarde para revisar mis financiamientos. Ellos pasan por tu pasado. Cosas como esos cargos rechazados y no hubo cargos. ¡Lo borraron! Como la píldora que metierón en mis cosas, y nunca ingresaron cargos. Porque tenía suficientes de sus falsas acusaciones.

"Y POR UNA VEZ UN JUEZ FUE JUSTO Y OYÓ MI CAUSA, TAMBIÉN PORQUE ESTABA EN EL ESTADO, Y EL FED ME SOSTENDÍA".

Bueno, eso no fue suficiente. El oficial puso en el papel que soy culpable de eso. ¿Qué? ¿Por qué debería tomar pastillas en la cárcel? No sabía que iría a la cárcel o de cualquier cosa que hubiera hecho ilegalmente. Ni siquiera tomo Tylenol hasta que sea necesario. Le preguntas a tu abogado. Eso no está bien, eso es una mentira. No, esto está mal. Todo el papel estuvo mal. Pusieron a una persona que no era yo. Ellos hicieron los cargos. Todo ese papel era una mentira. La persona que lo escribió me miró con una sonrisa. Fingiendo ser amable, y desde nosotros, el pueblo de los Estados Unidos no tiene idea de sus ilegalidades diarias. Nosotros, como ciudadanos de los Estados Unidos, confiamos en la persona que trabaja allí, al menos lo hice entonces. Son nuestros empleados para servirnos y mantenernos a salvo. Nosotros pagamos su salario. Están ahí, para mantenernos a salvo. Pero, en cambio, son ellos los que violan la ley. Ellos ignoran la ley. Pone a un lado la Constitución de los E. U. Tienen sus banderas de E. U. Con flecos amarillos a su alrededor, lo que significa "aquí no nos importa nada sobre la Constitución" aquí somos la ley, y decimos lo que está bien o mal. Aquí somos la ley. La razón de porqué. Los tribunales federales no permitirán que nadie entre con cámaras, teléfonos o cualquier pieza electrónica en el edificio federal.

Porque entonces todos ven qué vurla, hicieron de la Constitución y la Ley. Los jueces y los abogados estarían fuera del negocio. La Ley es un negocio para ellos, no si les importa la seguridad y la verdad de nosotros, el pueblo de los Estados Unidos. Las personas que pagan sus salarios. De acuerdo con su PSI, yo era un criminal de por vida. Cuando no había hecho nada ilegal. Una madre soltera y divorciada que trabaja y estudia, por lo que el padre es un delincuente en otro país.

Los jueces tienen demasiado poder, e incluso creen que están por encima de la ley ya que la ley se deja de lado dentro de la Corte de los E. U. Los flecos alrededor de la bandera significan que la constitución no se aplica aquí, (como me dijeron). Te ignoran y te llevan sin más remedio que seguir su juego.

Dos meses más tarde, después de la Declaracion de Culpabilidad forzada, el tribunal estaba listo para darme la sentencia de acuerdo con lo prometido, un año de prisión federal y me prometieron contar el tiempo de arresto domiciliario y, por supuesto, también se entendió el tiempo en las cárceles y basó su juicio en su informe de PSI. Este informe te sigue hasta el final de tu sentencia, o vida. Si el PSI es correcto o no. Desde su nacimiento hasta ahora, según ellos creen, no es tu vida.

Entonces, fui a la corte. El mismo "juego" después de jugar, leen algo,

"¿Le prometiste algo a ella?", Preguntó el juez.

"No", un año a prisión.

El juez comienza a llamarme todos los nombres en el libro.

"Yo creo * ### * ##, y creo que * * ## * ##", y así sucesivamente el juez dijo.

Me sorprendió escuchar a alguien que nunca me había hablado, ponerme en el lugar más bajo que nunca había escuchado antes. Yo era la peor persona del mundo, y por eso me condena a ...

El tribunal federal basó su tiempo en los puntos. Mis abogados me mostraron los puntos y el máximo que pude obtener fue de solo seis meses. Bueno, el juez decide darme

"Veintiocho meses y tres años de libertad condicional. No contaré el año bajo arresto domiciliario y los tiempos en la cárcel. Le daré un mes para que se presente en la prisión de su elección", dijo el juez.

COMPARACION

Abby Lee Miller, la profesora de danza en la televisión. Por esconder dinero de alrededor de Setecientas Cincuenta y Cincuenta Mil mientras declara bancarota Y descarta la Bancarrota. Recibió una sentencia de un año y un día, esto significa que lo hará tiempo apropiado y salga con nueve meses, y de esos nueve meses obtendrá dos o tres meses de Casa de Medio Caminoo Home Arrest. ¿What a Joke?

Martha Stewart por siete mil sesenta por fraude recibió seis meses en el Campamento y menos de seis en arresto domiciliario.

The Housewife of New York recibió un año por millones de dólares, nuevamente medio en prisión y luego Half-Way-House o Home Arrest. ¡Mi arresto domiciliario no contó!

"Wesley Snipes" El actor por no pagar impuestos recibió un año en la prisión federal, de nuevo en la casa de medio camino a la libertad o Arresto domiciliario.

Me secuestraron desde el 30 de diciembre de 2009 (o 2010 no tengo idea del tiempo más), hasta el 15 de diciembre de 2015. Por algo, que nadie salió lastimado, y nadie perdió nada, ¡NO ES UN CRIMEN! Créanme,

¡TODAVÍA NO ENTIENDO MIS CARGOS!

¿Restitución? ¡NO HAY VÍCTIMAS! ¿CÓMO HAY UNA RESTITUCIÓN?

La restitución hecha por la Persecución, que era de la Plegaria que se adjunta en el medio de la Declaracion de Culpabilidad de la que me obligaron a firmar. Esta restitución fue falsa, nadie sufrió una pérdida, y además de eso, el FBI hizo una acusación que alguien más debía en un préstamo de automóvil a un banco, así que estas ocho mil. Fue colocado para que lo pagara yo (una tercera persona) tres veces, es decir:

1. Uno, basado en el préstamo de esta persona que se debe al banco que es ocho mil

2. Dos, la deuda que se pagará a su banco directamente ocho mil

3. Tres, el banco vendió su banco y fue comprado por otro banco, por lo que pusieron el nombre del nuevo banco y agregaron otros ocho mil. Cada vez que pedí a la persecución que

me mostrara su explicación de esta restitución, obtuve una respuesta diferente. Así que hice mi propio informe que, por supuesto, nunca fue respondido y descartado como "Frívola".

Entonces, en TOTAL, se agregó una Deuda Cero en Veinticuatro mil dólares, más otros con un total de cincuenta mil en restitución. ¿Mientras comencé al final fue Cinco años - veintiocho meses y tres años de libertad condicional? La libertad condicional se convirtió en otros nueve meses en otro campo, gracias a mi agente de libertad condicional, que tampoco contó el arresto de mi casa. Otras condenas que escuchamos en la televisión, debido a su posición con el dinero que hacen para Million sobre más de seis meses en prisión y seis o menos meses en arresto domiciliario "sin Casa de Medio Camino", sino directamente a casa.

Es por eso que describí en detalle mientras que estaba en la Prisión con una cinta de maquina de escribir reutilizada y papel carbón. Escribi una moción al juez, solicitando cambiar y despedir cuánto tiempo vas a hacer en la prisión.

"El monto de la restitución es el tiempo que te hacen pasar, lo que harias".

¡Se quedaron con setenta y tres mil sin ninguna razón! Hice una hoja de cálculo de Excel clara, con copias de la compra por el banco y el original, de quién era el nombre de otra persona y yo no tenía nada que ver con eso. Ya lo habrías adivinado. Una vez más ignorada, la Persecución nunca respondió, y el Juez

"La Desestimó Por Frívola".

(La misma palabra que usan les funciona).

Cuando terminé más adelante con mi tiempo, la Restitución fue aceptada por la oficina del tribunal para resolver la deuda como UCC. En lugar de obedecer la ley, me llevaron al frente de la corte, y tenían un tipo que trabajaba en sus oficinas federales, y él era su testigo, que dijo:

"Sí, trabajo en la Oficina de Pagos, no he visto esto, y no sabía hasta hace unos minutos que me dijeron que fuera al juzgado y atestiguara."

Una vez más, uno de sus juegos y abusos todavía. ¡Este tipo trabaja para las Oficinas Federales y acaba de decir al tribunal que no sabe nada! ¿Sin embargo, él está aquí para testificar en mi contra? Además, por supuesto, mi nuevo abogado designado para este caso en la corte me advirtió:

¡Usted no dirá nada, no cuestionará ni hablará, la persecucion me dijo que, si lo hace, obtendrá cinco años más con más cargos!!

Bueno, ahí va otra vez, cállate, ¡inclínate y tómalo! No puedo defenderme, y allí van mis Derechos de los Ciudadanos de los E. U., Constitución, Declaración de Derechos, mi padre, el Veterano, estaría tan enojado por lo que le han estado haciendo a su hija.

"¡Solo, Porque Pueden!"

La Sentencia De Prisión

Los Angeles Times

Por MICHAEL SCHAUB

AUG 02, 2017 | 10:15 AM

Antes de convertirse en director del FBI, Comey se desempeñó como abogado de los EE. UU. Y subprocurador general de EE. UU. En 2003, como Fiscal de Estados Unidos para el Distrito Sur de Nueva York, fue el principal fiscal en el caso del gobierno contra Martha Stewart, quien fue acusada de obstrucción de la justicia y fraude de valores. Stewart fue condenado y cumplió cinco meses en prisión.

✷ ✷ ✷

¿Que Fue Lo Que Sucedió!

Pregunté después de la SENTENCIA, ya que el juez se levantó y se fue inmediatamente.

¿Cuánto tiempo?

"No lo apele o le darán el máximo". El traductor me dijo en voz muy alta

"¿Qué un mes más?", Le dije mientras me daba vuelta y decía:

"Eran los peores, y me vieron obligada a ¿Declararme Culpable? ¡Todos me mintieron y hablaron de mí!"

"Presentaré una apelación", dijo mi abogada.

"OK, tendré un abogado diferente para la moción de apelación".

"No, yo seré la unica indicada". Dijo mi joven abogada, ¡NOOO! Meteré en una petición con el magistrado una moción para despedir esta abogada y obtener uno diferente. Este fue el mismo juez que me dijo:

"Haré esto por usted, para que no tenga que ir al otro estado y en tres días se reunirá de nuevo".

(Los tres días que se convirtieron en tres meses y una declaración impugnada).

La despediré por inepta e incompetente y además me forzaron a mentir al aceptar una súplica. La fecha de la corte para despedirla vino. Estaba sentado al lado de los Marshalls, y todos fueron amables. Uno de ellos se dio la vuelta y susurró al otro, vio a esta abogada que sera despedida, ella es una de esas personas que no ayudan a sus clientes, sino que los entregan a la persecución.

Quería despedirla tanto, y le di a la corte un par de nombres de abogados que dijeron que me ayudarían y que todo eso estaba mal. Uno incluso estuvo presente en la corte. Sin embargo, en el momento de mi turno que fue la ultima, el juez lo echó de la sala. El juez hizo que todos los demás se fueran, ¡y solo nosotros otra vez! Estaba abatida cuando escuché esto. El juez entró, y ella estaba sentada a mi lado, lo cual vi que era raro porque este caso era yo en contra de ella. Además, en el otro lado, la Persecución estaba sentada allí. ¿Qué tiene que ver la persecución con mi decisión de despedir a mi abogado, me preguntaba? Mi caso fue el último en ser escuchado al final, y el juez se aseguró de que no hubiera nadie allí, incluso el abogado que deseaba ser nombrado. Él también fue expulsado de la sala del tribunal. El juez comienza a leer sin mirarme o preguntarme algo.

"Oh sí" Ann Pernell "Entiendo que es muy difícil representar esto y @ (* todos los nombres en el libro

otra vez) y por eso, dejo que te niegues a
representarla, ¡eres libre de este criminal!" el
magistrado dijo.

"¿Qué?"

La Persecución se levantó y dijo.

"Su señoría, el abogado no la despide, el demandado es el que deja ir a su abogado, es al revés, vea aquí está la solicitud".

Se acercó al juez y le mostró mi petición presentada para despedirla y obtener nueva representación. El juez vio mi solicitud en su archivo.

"Oh, no vi eso. Bien ok. Ella ya no es su abogada, y en cuanto a su solicitud para obtener otro abogado designado DENEGADO".

"¿Qué? Tengo derecho por ley a obtener representación."

El juez magistrado se levantó y salió de la corte muy enojado, furioso. Ya no tuve representación durante meses. Seguí pidiendo y luchando sin descanso. Todo el tiempo que estuve en prisión e incluso más tarde.

Todos fueron despedidos, "por supuesto".

¡FRIVOLO! ...

12

Prisión En Mariana

En La Prisión De Mariana

Decidí ir a un campamento pequeño en Florida, y me dijo que la familia pudo ir a verte y que te pones ropa regular. Pensé que esto sería en medio de todos mis Estados familiares. (que nadie vino a visitarme)

Pasó un mes, y traté de dejar todo en orden y tener a mi hijo listo para el momento en que se supone que me iría, incluso hice un calendario diario. Así que, hora de irme, elegí ir al Campo de Mariana, una prisión de cuello blanco y más pequeña. Pero parece que los traficantes de drogas y los cargos de armas estaban allí. Salí temprano en la mañana de octubre de 2012. Dejé mi casa pagada, con negocios abiertos, mi hijo de diecinueve años a un año para la graduación de la universidad y a cargo y mis tres bebés (perros). Estuve allí una hora antes, y no sabía acerca de la diferencia horaria. Me enviaron a la tienda a depositar dinero para poder tener dinero para todas mis necesidades.

"Escuché que nos pagan por trabajar aquí, ¿verdad?", Le pregunté.

"¡Jaja! Todos los oficiales de la oficina se echaron a reír."

Llegas allí, y te ponen unos scrubs Beige llenos de Graffiti sobre ellos. Y zapatos de lona azules durante los dos primeros días solo para humillarte, mostrar a todos los demás que eres nueva. Llaman a otro recluso que lo guiará durante cinco minutos. Te dan tu PAC #. Entonces ellos siguen tu informe de PSI; si no está bien, no les importará, esta es la biblia para ellos sobre cómo van a tratarla durante toda su estancia.

En la cárcel, las almohadillas Maxi son la magicas. Con ellas, puede hacer tapones para los oídos, limpiarse las uñas, trapear el piso, usar el pegamento y otros usuarios. En este lugar la comida era terrible, todo lo que comimos fueron restos de la prisión de hombres. Había otro lugar para mayor seguridad o soplones Prisión, tenían carne para cenar, o eso eran los rumores.

Luego, más tarde te llamaron para darte ropa interior nueva, y pantalones verdes, camisa verde, cinturón y punta de acero otas negras. Le quitan la otra ropa, por lo que ahora no tiene pantalones cortos, camisa, pantalones, suéter, tenis o cualquier otro desodorante y todas las cosas que necesita con regularidad. Si tiene dinero, no estará disponible después de una semana o dos. Entonces, estás usando los greens todo el día con esos zapatos pesados, y tus pies lo sienten. Alguien será amable y dará vueltas y buscará para usted ropa usada, zapatos tenis y artículos de necesidad básica, hasta que obtenga los suyos propios. Después de que obtenga su dinero, quieren que le devuelvan el pago, o le pertenecen a usted todo el tiempo.

Consentimiento Preocupante.

La orientación duró un mes. ¿Por qué?, porque no tienen nada que decir, pero pretenden que si. Usted hace lo que le dicen, tendrá un excelente trabajo y recibirá un pago mayor. Solo si tiene dinero, tendrá las cosas necesarias para sus necesidades, comprará cosas para poder pasar su tiempo y poder comunicarse con su familia. Debes estudiar y pretender que todo lo que te enseñan vale la pena el tiempo allí. > > > > >

Muchas de estas personas ni siquiera habían terminado la escuela secundaria, pero están tan preocupados por los asuntos de los demás. Acerca de eso, la Oficina Federal de Prisiones de BOP o los que manejan la prisión, que generalmente son los mismos jueces y abogados los dueños, hace que estudien el GED si no se llevó su diploma, incluso cuando el tribunal dijo que había terminado Universidad. Donde esta la LOGICA, no existe para ellos, los BOP-Bureaus of Prisoners no tienen cerebro, se hacen tontos, o son estúpidos. Son contratados por su incompetencia. Hacen que todos pasen por el programa de GED, ya sea que hayas completado la escuela secundaria o no, pero olvidaste llevar tu diploma contigo (que es lo último que te preocupa cuando te secuestran) o si te transportan de otro país a hacer tu sentencia aquí y luego te envían a tu país.

La razón de esto, como se mencionó anteriormente, es todo un negocio y cuanto más reclaman que terminaron el GED mientras estaban en prisión, obtienen bonos adicionales de $$$ del dinero del gobierno. Está todo en el juego.

Este campamento tenía cuatro personas para un cubo, que tenía una capacidad para dos. Por lo tanto, el lugar estaba lleno el doble de la cantidad aprobada de personas.

Hay tres llamadas para el recuento. Usted sirve un mes limpiando los terrenos aquí, por lo que trabaja durante un mes y no le pagarán por este tiempo. Entonces debes luchar para tener un trabajo. Como dije, el lugar estaba dos veces lleno a su capacidad. Siempre hubo peleas de las damas negras.

"Sí, lo mencioné no por el color, sino por su comportamiento y sus palabras; rascandose las manos, ves que nosotros somos del color, es decir, estar juntas solo porque también son negros, pero porque lo hacen ellos mismos. Solo se juntan entre ellas y ellas siempre marimachas en la estancia y dicen que son dueñas de las cárceles y la prisión, así que, si eres blanco o no, te harán la vida imposible. El guardia porque no quieren disturbios, les dan lo que sea.

Pude conseguir un trabajo en eldepartamento de recreación porque toda tu estadía es recreación después del trabajo. La prisión debe mantenernos ocupadas para no tener peleas. Yo fui el que tomó fotos en las visitas y dentro del campamento. Yo era la fotógrafa, y todos posan muy orgullosas con su amiga y su familia.

Arreglé la recreación para las vacaciones junto con otra dama negra, que ya tenía un trabajo en el lugar mejor pagado, trabajando para esta empresa que aprobaba marcas registradas, pero es mejor decir que lo quieren todo, o reclamarán "Discriminación". No solo tenía el trabajo más deseado, sin embargo, a cambio, todos los negros del campamento también estaban en mi contra. No sabía que querían ese trabajo tan mal, porque tenían contrabando y podían manejar todo el campamento. Yo solo hice mi trabajo.

Tuvimos clases de tejer, clases de idiomas, cualquier clase de manualidades para que pudiéramos hacer algo y luego hacer los regalos para enviar a casa.

Los oficiales de las oficinas lo llamarán y le dirán que están abiertos para usted. Soy tan inocente y estúpida, cuando llegas allí dicen que te ayudarán con cualquier cosa. Entonces, pedí que me ayudaran, ya que si veían que no tenía cargos reales y no tenía un abogado, entonces, ¿qué podría hacer? Le pregunté a mi "consulado gay negro". Mala idea. Mala, mala idea.

Fui considerada como estúpida, y estaban enviando gente a estar encontra mía. Me importa mi propio negocio y me reúno con mi gente, donde también aprendí mucho sobre mi vida personal.

Entonces, el trabajo de Recreación me fue quitado por todas las mentiras de que esta "Dama Negra" que tenía dos trabajos, y muchos no podían incluso obtener uno. Ella comenzó una pelea con los blancos y comenzó rumores y luego les dijo que yo los hice. Decidí dejar la recreación, y entré de jardinera, hacía calor, pero no era tan difícil como el que tenía en una cárcel cuando se suponia que tenia arresto domiciliario (¡mientras estaba acusada de robar mi propio sueldo!), Donde Me lastimé, pero para no quedarme más tiempo allí, no hicimos un informe.

Ese día me sentí tan mal, y supe que el juez llamó a mi banco hipotecario y les dijo que me sacaran de la casa.

"Estaba pagada, se habia accordado" de acuerdo con toda la ley y el U.C.C. ley. Sin embargo, hicieron todas estas cosas en la corte, y allí ni siquiera necesitan ir a la corte para tomar su casa se la quitan, y despertaron a mi hijo a primera hora de la mañana, pusieron todo en la calle. Perdí todo y mis tres perros. Mi hijo no pudo terminar sus últimos seis meses de escuela para poder graduarse, y hasta ahora no quiere hablar conmigo. Sin embargo, ¿el préstamo estudiantil es de hasta $ 300,000? (Student Loan, 2013, p.3) ¿En serio?

Mientras llamé a mi hijo el sábado, todo estaba bien, llamé a mi mamá y en ese momento me dijo que alguien llamaba a la puerta de mi hijo para sacarlo de la casa. Empezaron a sacar todas mis cosas al frente y se robaron todo. Lo perdí todo. (Lost Everything, 2013, p.1) Entonces, ¿estaba preocupado de que mi hijo cambiara mi secadora por una barata? Así que, en cambio, todos mis documentos, fotos, cosas de negocios, cachorros (bebés) fueron tomados, ni siquiera quedaron en el frente de la casa como lo exige la ley. No, este tipo vino con un camión y se llevó todo, y cuando lo llamé me dijo

"*Señora, usted no tiene derechos, el banco se llevó su casa, y por lo tanto también la pierde"*.

Llamé a mi "amiga" la que dijo que ella iba a estar a cargo mientras yo no estaba y ayudaría a mi hijo. Bueno, ella solo dijo,

"Oh, lástima que no nos involucremos o te ayudemos a salvar tus cosas".

Más tarde, descubrí que comparon una casa (me pregunto por qué empezaron a recibir todo, ¿el FBI les pagó?

Algunos presos me ayudaron a saber cómo funciona la ley y qué hacer para recuperar mi casa, pero cuando la Administración del Campamento los escuchó por medio de un soplón, se desató el infierno.

Las Amenazas Y La Golpiza

Enviaron a un enano puertorriqueña.

El Mighty Ratón cuando estaba en mi litera durmiendo a las tres de la mañana en una litera de tres camas, estaba durmiendo en la cama del medio, y me golpearon. Ella se para en la silla que pongo por la noche para ir a la cama. Literalmente, esta cama es, por lo general, de dos camas, esta estaba hecha para tres personas y tenían espacio como un ataúd muerto. No tenía espacio para estirar, girar, mover o sentarme un poco. Entonces, mientras estaba de pie en la entrada de mi habitación, mi compañera de cuarto la vio y le preguntó

"Qué estás haciendo aquí" y ella dijo;

"¡Esto!"

Pisando la parte superior de la silla, estaba con mis auriculares girando hacia el lado de la ventana, durmiendo. Ella simplemente agarró mi cabello tirando de él y comenzó a golpear mi cara y mi cabeza con su pesado puño cerrado. No sabía lo que estaba sucediendo, pensé que iba a morir, ella estaba tratando de matarme, y mi compañera de cuarto salió corriendo de la habitación. Mientras que las otras "Negras" estaban alentando este comportamiento y yo solo extendí mis manos tratando de detenerla. Finalmente, su amante vino y la agarró y se la llevó. Le preguntaron por qué lo hiciste y ella dijo

"¡sólo porque quiero!"

"¡Pero ella te estaba ayudando en tu escuela!" Dijo el amante.

"Sí, pero estoy cansada de este lugar, y ella fue fácil. Voy a Tallahassee", dijo.

Me levanté para ir al baño y poner un poco de agua en mi cara ya que las negras fueron a bloquear la única puerta, así que no pude ir a ver a los guardias. De camino al baño, ella me vio, y todos estaban cerca, ella me golpeó de nuevo, en mi rostro un sonido hueco que todos callaron.

Ellos pensaron que ella me había matado. Solo llamé a Dios. Después de eso no pude ir al baño ni llamar a los guardias, volví a mi cama.

La cuenta (teníamos varios conteos a las cinco: A.M.4 PM, 10PM, 2 A.M.), que el de las cinco estaba cerca, y los guardias vendrán pronto. Nadie estaba de mi lado porque no querían que las negras estuvieran en contra de ellas. Alguien finalmente le dijo al guardia, lo mismo que le había mencionado antes, que la escuché decirle a una de sus amigas:

"Voy a darle un golpe tremendo"

"¿Por qué?"

"Solo porque ella es fácil, y yo estoy cansada de este lugar."

El BUREAU OF PRISONER'S no hizo nada para mantenerme a salvo incluso después de que solicité ayuda. Cuando alguien hizo algo malo en Camp, esa presa era transferida a una instalación superior. Tallahassee, a dónde ella quería ir ya que su madre falsa estaba allí y casi terminó su tiempo y seria liberada. El guardia hizo el informe y me dijo que no me preocupara. Estaba tan enferma y estaba sangrando, mareda, vomitanda y nadie me dejaba ver a un médico.

Este guardia hizo el informe un viernes por la noche; diciendo que esta mujer me había amenazado antes y me había golpeado mientras dormía.

Finalmente me trasladaron a otro edificio. Me quitaron todas mis cosas, empacadas por el guardia. Nadie querría ser visto cerca de mí porque no querían ser el próximo en línea. El lunes por la mañana, fui a trabajar y estaba limpiando, mientras un grito provenía de las vocinas parlantes que llamaban mi nombre para ver al Camp Mayor. Fui allí, y con una burla me recibió,

"Déjame ver, déjame ver". El consejero se ríe,

Les dije lo que sucedió, y mi compañero de cuarto les contó lo sucedido. Mientras tanto, esta señora estaba afuera con sus amigos diciendo,

"Te llevo conmigo a Tallahassee, ¡Ja, ja, ja!"

Todo porque envié los papeles para recuperar mi casa. Luego la llaman y ella le dice a su amiga:

"Espera, déjame ir al baño y rasgullarme".

Entonces, cuando ella entró a la oficina después de tres días del incidente, con una capucha sobre su cabeza y les mostró unas acabadas de hacer marcas de sangre en la cara y dijo que yo las hice.

"¿Qué? Esas son simplemente frescas, y ella simplemente las hizo ella misma ".

Bueno, el investigador del ISS y los consejeros hicieron un informe. Eso ni siquiera fue lo que dije que sucedió o mi compañera de cuarto dijo, o el guardia dijo. Sin embargo, inventaron el caso y dijeron que yo fui la que comenzó la pelea. (durmiendo sí).

"Esto no es lo que dije, y ella acaba de hacer esos arañazos ella misma." Los confronté.

No, me enviaron a cambiarme de nuevo en ropa de enfermera caqui y esposarme, los tenis nueos que acabo de obtener me los quitaron (robados) sí, gasté mucho dinero para esos tenis de liquidacion. Los zapatos de tenis que venden por el precio completo mientras están en prisión son el oro de un año de salario, ¡si! Es que te pagan porque no me dieron todo el dinero que gané. Después de que vivír en el campamento, donde vas a ver a los médicos regulares con otro recluso y sin esposas; aquí era esposada de nuevo.

Bueno, entreaba dentro y fuera de conciencia todo el camino hasta el destino. No sabía dónde estaba, y no sabía a dónde iba. Tampoco sabía que el tiempo había cambiado.

Mi familia no tenía ni idea, después de todo, mi primer abogado designado les dijo que me dejaran o que serían los siguientes, así que ¿quién va a arriesgarse?

Cuando estás en esto, ¡ESTÁS SOLO!! Además, cuando pide ayuda a aquellos a quienes siempre ayudó, sin importar su familia, amigos o iglesia; escuchas de ellos cosas sobre ti que nunca podrías imaginar, que aquellos que están más cerca de ti se vuelven contra ti y te lastiman en lo más profundo de tu corazón.

¡Tal Desgracia!

13

Transladada al SHU

Transladada Al SHU

Note esto es blanco y tiene cortinas, el mío era negro, gris y sin cortinas, el vidrio estaba detrás de tres juegos de metal y empañado, por lo que no entró luz natural, y esa luz cegadora de fluorescencia estaba entrando y fuera durante dieciséis horas.

Aquí en los Estados Unidos de América, tomaron mi libertad, me secuestraron. Tomaron todo lo que trabajé por dejarme en la calle y dársela a los illegales. Cuando estás dentro de esos muros invisibles, estás muerto para todos en el exterior. ¡Los recuerdos son reales y tu familia sigue siendo real para ti!

Todo me resultaba confuso. No tenía mapa ni reloj.

Las Trampas Y Esclavizada En Una Cueva.

Llegué allí, y fuimos recibidas por tres guardias y el jefe principal de las Habitaciones Especiales de Castigo-SHU. Vino a verme y le dieron algunos de mis papeles que la ley me permitía tener. Este tipo tomó mis papeles y los tiró a la basura dejándome sin mi dirección de la corte, número de caso judicial y números de teléfono de la familia. Totalmente alejándome (nuevamente secuestrada por el gobierno) golpeada, sin dinero, encarcelada y apartada de mi familia y de cualquier otra comunicación.

Me colocaron en una celda,

"¿Qué hiciste?", Vino un guardia y me preguntó.

Si la declaran culpable, le enviarán una instalación superior y no podra quedarse aquí.

Estaba enferma, temblando, asustada, ¿qué pasa ahora? Todo este tratamiento, pero ¿por qué yo? Finalmente, deciden ponerme en el lado izquierdo de la SHU. Que ese lado, era el castigo. El otro lado de la SHU era la espera. Entonces ellos no eran tan estrictos. Incluso puedes comprar cosas y hacer llamadas telefónicas. Mi familia no sabía dónde estaba. No pude hacer llamadas telefónicas sino una vez al mes. Llaman a la Oficina, y dijeron: tuve una pelea, y fui incomunicada. Mientras que la otra mujer que entró a mi habitación a las tres de la mañana, le dieron sus cosas, y todas las llamadas telefónicas que ella quería, ella estaba pasando el mejor momento de su vida con amigos.

Sí, estoy en mi propio país, y encerrada entre cuatro paredes frías y una tira de ventana de doce por cuatro pulgadas de ancho que para ver debo colocar seis libros gruesos en el piso para que apenas pueda mirar el pasillo o ir a la litera superior. Bueno, pero al menos pude ver cuando el guardia pasaba apurado tres veces al día.

La imagen de arriba es en realidad más humana, mostrando cortinas, camas hechas y armarios, no el cojín verde de dos pulgadas de grosor, roto, y frío. Congelado no había casilleros ni ventana, la ventana estaba completamente sellada por tres capas de metal y oscurecida por aerosoles, sin ropa para cambiarme. Usas toda tu ropa que te dan "a la vez" tratando de mantener el calor. Un brazier plano, calzones de abuelita, calcetines blancos, vestido de enfermera, ropa interior para hombres como "pantalones cortos" y un camisón.

Métete en la cama y no te muevas para tratar de mantener el calor con tu propia temperatura dentro de la manta en esta habitación iluminada durante dieciocho horas. Se apaga a las diez de la noche. Se enciende a las cinco de la mañana, se levanta para el desayuno, sémola fría, pocas papas, el pan y la leche falsa. Cada tres días una "ducha" entre el desayuno, desayuno o ducha. No, no puedes guardar comida en la habitación. Ahora son las seis y media de la mañana. Supongo que es hora de salir. Te esposan a través de la pequeña puerta en la parte inferior. Usando su llave larga, y la puerta de metal finalmente se abre solo para ser agarrado por el brazo caminando hacia atrás para llegar a la jaula de metal fría y húmeda del sótano para estar allí congelanda con aire helado y sin abrigos, tenían algunos, pero solo unas pocos pueden obtenerlos. Sandalias y vestido de enfermera, la temperatura es de treinta a treinta y cinco grados, lo que no hace diferencia.

Sí, miraste el reloj de pared que tienen en su escritorio. Sueñas con ver un poco del cielo azul y caminar en círculos alrededor de la jaula junto con dos o tres de tus vecinos. Algunas veces deseas que esto termine porque no hay segregación y los negros son malvados siempre están planeando algo, y los blancos solo hablan de las drogas y los hispanos vailando todo el tiempo, la comida y las fiestas.

Puede ser que te atrapen medio trampas de crimen de cuello blanco o mates a toda la ciudad. Eso no importa. Serás tratado de la misma manera o peor por ser un delito menor, al menos eso es lo que experimenté conmigo y otros allí. Suenan las llaves, hora de irse. Esposas a través de la pequeña puerta. Me dan la vuelta agarrado del brazo y vuelvo a meterme a la habitación fría y sola.

Mirando a través de un pasillo oscuro, vacío y frío, sobre tus dedos puntiagudos encima de una pila de libros. Solo dos libros, uno es la Biblia y otro es grueso sobre asesinato. El pasillo donde miras cada segundo con la esperanza de escuchar o ver a alguien. Todos ellos tienen prisa, el opresor Capitán, seguido por el Psicólogo, el Educador y finalmente pero no menos el Sacerdote, que vienen a hacer sus rondas, para decir: que estaban allí.

¡Sí! Llegó con prisa e ignoró los ruegos y solicitudes de:

- una llamada telefónica.

- un doctor

- un libro decente

- un momento para salir al otro lado del pasillo para ducharse

- Un descanso de veinte minutos en una jaula de metal a las seis de la mañana en un lugar frío y húmedo, que tuvimos que rogar, porque irán por días, semanas, meses, etc., pero no se lo darán.

Por ley, debe obtener una hora afuera todos los días. Hmm! No, eso es mucho pedir.

Mientras tanto, reflexionas sobre tus amigos, tu familia, incluso tu hijo. Nadie estaba allí para mí, ni una llamada telefónica a mamá para ver cómo él o ella puede ayudar. Todo cuesta dinero. Es un juego. No puedes obtener dinero No puedes trabajar por dinero, entonces, estás abandonada. No hay dinero para una llamada telefónica, para Tylenol, lo básico, jabón, champú, tampón, cepillo de dientes, pasta, navaja, nadie te da nada, y tampoco puedes comprar nada.

¿Dónde están todos mis amigos y familiares a los que ayudé cuando no era necesario? Sacrifiqué mis estudios y mi vida personal para que otros pudieran ir a la escuela y tener un lugar donde vivir, e incluso un lugar para que su ser querido muriera en paz y comodidad. Amigos a quienes ayudaste, enseñaste y alentaras siempre. Los mismos se voltearon y dijeron:

"Mejor tú que yo",

Entonces, no te conozco ahora. Tus amigos se alejan de ti cuando necesitas su ayuda. Te hieren con palabras e ignoran tus ruegos. Sus "amigos" no ayudarían a su ser querido necesitado. Ah, pero ellos son los primeros en ir y mentir y decir:

"No soy su amiga, no me mire".

No vendrán a visitarme.

Mis "buenas amigas, supuestamente, estuvieron de mi lado". Hasta un momento en que todo se vino abajo. Sin embargo, ahora ellos son mis acusadores. Los que dan la espalda tan pronto como pueden y se benefician de ello. Te prepararon, y están ahí solo acusándote, y cuando finalmente te tienen, el gobierno les paga.

Había una pareja que supuestamente ayudaría a mi hijo hasta que yo estubiera fuera, y lo único que hicieron fue ignorar mis llamadas telefónicas. Puso excusas, para no guiar a mi hijo y lo dejaran en la calle. Después de que salí, descubrí que ellos también fueron recompensados (¿ella dijo; mi suegra murió y que ella era rica?) ¿En serio? ¿Compraron una casa, y luego me instalaron de nuevo y luego compraron un auto nuevo en efectivo? ¿Serán bendecidos por esto? No más tarde, su única hija no la respetó y la llamó por todos los nombres del libro:}

Voy demasiado rápido, de regreso a la SHU.

Más tarde me trasladaron a una habitación con una mujer loca.

"¿Por qué?"

Ella estaba en el castigo, y yo todavía no. Las reglas dicen que mientras estás en disciplina, no te permiten tener compañeras en la habitación. Esta señora estaba loca y rompió el escritorio atornillado al suelo y rompió con la taza el vidrio de la pequeña ventana. Temía que se levantara y me matara mientras dormía. Escribí varias solicitudes para sacarme de allí, pero me dijeron que "para hacerles un favor, ella se iría en una semana, y querían que se mantuviera calmada" a mi costa".

Lo cual es tan ilegal, la BOP BUREAU DE LOS TRABAJOS DEL PRISIONERO es vestirte, alimentarte y el trabajo número uno ¡¡¡MANTENLA SEGURA!!!

Por lo tanto, no tenía palabras ni protección, así que bien podría pretender que me caia bien. Luego ella se fue. Acabo de salir de una situación muy traumática, tenía los ojos hinchados, siempre estaba mareada, y seguía pidiendo ver a un médico o tener algo para ponerme en mi ojo hinchado.

Deberían haberme sometido a una tomografía computarizada para eso, en el exterior por menos de lo que obtendría uno de inmediato. El doctor no me iba a ver, llamaría a los demás excepto a mí, supongo, con la esperanza de que me cayera muerta, como había experimentado con otros dentro. Me desmayé dentro de mi habitación tres veces una vez en la cama, otras en el piso. Me abandonaron y me dijeron que llamaron a la puerta, pero no respondí. Entonces, el doctor me llamó, y mostré mis moretones y mi ojo, mi presión arterial estaba alta, y estaba abajado, y no podía dejar de temblar,

"¡Llévatela!". El médico le dijo al guardia

"No quiero ver" ella."

"¿Pero algo para mi ojo?" Le pedi

"Claro que te daría algo". El médico dijo.

Bueno, pasaron las semanas y nunca obtuve nada. Finalmente, llegó un día después de dos semanas (creo, no tenía sentido del tiempo) Fui llevada a la corte de simulación de BOP BURO DE PRISIONEROS. Una corte para las prisiones con un oficial al otro lado de la pequeña pantalla de televisión.

¿Por qué se molestan? ¿No les interesa la justicia?

Me esposan con tantas cadenas. Como si fuera el peor asesino de la historia, me sentaron en un cubo dentro de una habitación con tantas jaulas. Entonces, detrás de otra jaula había una TV de ocho pulgadas o menos de TV. Un tipo aparecio a través de ella y nunca volteo a mirarme, siempre mirando su escritorio. Estaba en Atlanta en las oficinas del Buró Federal de Prisioneros.

Él comenzó a hablar, finalmente me preguntó

"¿Qué hiciste?"

"Estaba durmiendo en una litera de tres camas con mi radio encendido y con mis auriculares puestos. Cuando me desperté con la jalada de pelo a las tres de la mañana y me golpeaba en la cara y en la cabeza varias veces, no sabía lo que estaba pasando y mi compañera de cuarto corrío afuera sin pedir ayuda porque los internos cerraron la puerta de entrada." Le dije.

"¡NO!" Gritó,

"¡Creo que siempre estás golpeando a la gente y tú eres ...!", continuó.

>>>Oh mi DIOS? ¿Que es esto?

Siguió y siguió, según el describiendome sin ni siquiera conocerme.

"La pobre dama, vi cómo te fuiste de la cara, y para eso, debes estar en la SHU. Quince días." Dijo al final,

¡Oh, bueno, he estado aquí ya ese tiempo, así que estoy afuera, sí!

NO, ellos me cambiaron a la habitación, tomaron mis libros y me dejaron en frente de la ducha, donde ni siquiera se puede escuchar de no ver a nadie. Había llegado el momento de mi "castigo", y un mes después todavía estaba allí. Pedí llamadas telefónicas y las negaron. Me dieron el teléfono una vez y no pude llamar debido a las horas. Nadie levantó el teléfono, y debido a esto, fui castigada, me gritaron y hostigada por este guardia. Llamé al capitán y me prometió que me dejaría usar el teléfono. El capitán se fue y un guardia negro se amontonó, abrió la puerta sin esposarme y me dijo.

"El capitán es el Capitán mientras hace sus rondas, pero yo soy el que se queda aquí. Entonces, NO, no hay una llamada telefónica para ti."

Vinieron los guardias del Campamento, y se los pregunté. "¿Cuándo salgo?"

"Dijeron quince días, y llevo aquí treinta y cinco días." Dije.

"Estamos trabajando en la documentación",

"¿Volveré al campamento?"

"No sé".

El oficial del campamento dijo, y se fue burlándose de mí como lo hicieron en el campamento cuando me transportaron al SHU. Entonces siguieron diciendo, pobre, la otra mujer fue golpeada por esta mujer > > > >. Nuevamente, esto fue de la otra manera,

"¿la enviaste a hacerme esto?"

Otra persona del campamento fue enviada a nosotros. La colocaron en mi habitación, así que pude escuchar un movimiento al menos. Finalmente leyeron su castigo a la otra dama, porque estaban esperando un intérprete. El castigo de SHU

"Una semana" para ella.

La enana venía a mi lado del edificio por el lado del castigo, mas no para ella, ¡ella, podía tener su comida, hacer llamadas telefónicas y tener una ventana!

Bueno, en los últimos días en el SHU.

Se le permitió tener un radio, hacer llamadas telefónicas, una ventana "no, no se le castigara" y un día antes del final de su castigo, la llamaron temprano en la mañana para tomar el desayuno, salir y tomar una ducha. Justo después;

"Empaca todo, vas a salir de aquí", el guardia le hizo saber.

"¿Qué hay de mí, ella todavía tiene un día más, y yo he estado aquí cuarenta días en lugar de quince?"

"Estamos trabajando en su documentación", dijeron.

"¡Eso es totalmente Inaudito!"

Pedí ver a un teniente; ella vino, y le expliqué mi situación. Ella me prometió sacarme de allí. Llegó el momento y nada, almuerzo, nada.

Finalmente,

"Empaca todo", me dijo un guardia.

"¡Sí!" Grité.

Mi compañera de cuarto estaba feliz. Empaqué y me llevó al frente. Otro guardia grita:

"¿Por qué está ella aquí?".

"Ya se va".

"No, estamos trabajando en la documentación".

"No, la teniente me lo dijo".

"¡NO! llévatela."

Estaba de vuelta en la habitación.

"¿Qué pasó?"

Mi compañera de cuarto preguntó

"No sé si están trabajando en el papeleo que dijo un guardia y el otro guardia que el teniente dijo que me dejara ir. No lo sé."

"Luego vinieron.

"¡Ok, ahora!"

Entonces, tomé mis cosas, y aquí voy. De regreso a la biblioteca por un tiempo.

"¿Cuándo me voy a ir?"

"Estamos trabajando en ello".

"El tiempo de contar vino. Lo lamento, nosotros tenemos que contar, y usted regresará a su habitación".

De vuelta en la habitación,

"¿Y ahora dónde estabas?",

Preguntó mi compañera de cuarta.

"Estuve en la biblioteca y ahora es el momento de contar".

Contaron, y más tarde vinieron y me esposaron,

"Toma tus cosas",

"¡Gracias!"

Me sacaron al frente,

"Oh, lo siento, nos falta alguna cosa. ¡Llévala de vuelta!"

Bueno, me pusieron en la pequeña ducha y me dejaron allí. Después de un tiempo; Estamos haciendo un cambio de turno, de vuelta en tu habitación. Entonces, volví a cruzar este pequeño pasillo.

"¡Mujer! Están jugando contigo, tan malvadamente." Dijo mi compañera de cuarto.

"Sí, es así desde el primer día", le respondí.

Vino un cambio rápido y este guardia es el único tipo agradable y

"Bueno, ¿qué has hecho ahora?" Él me preguntó

"¡Nada!", Respondí.

"Están jugando con ella". Mi compañera de cuarto dijo:

"Sí, me dijeron que iba a salir y me llevan de un lado a otro y me traen de regreso."

"OH, déjame ver." El guardia del SHU dijo.

Se fue por unos veinte minutos y regresó con mi ropa.

"Aquí, vístete, date prisa."

Me vestí de nuevo con los khakis, ¡y él tomó mis cosas, abrió la puerta y me dejó afuera!

Estaba temblando, había perdido cuarenta libras. Un teniente chaparro me vio salir por la puerta del SHU y burlándose de mí dijo:

"¡Dios mío! mira lo que hacemos contigo."

(él me vio y luego continuó) Bajando la cabeza y dijo.

"Ve, cuidate".

¡¡¡Finalmente!!! Estaba fuera del SHU. Pude ver la hierba, el aire y las aves.

.

14

Transladada A Una Prisión De Mayor Seguridad

Trasladada A Una Prisión De Mayor

Seguridad

Algo está mal, *"Mis llamadas amigas", ahora me desconocen y muy curiosamente, "Ahora tienen todas las riquezas, ¿les pagaron para ser testigos falsos, informantes?".*

Estoy viendo en los pájaros, blancos, negros, gris, marrón. Todos ellos viven con sus familias, su propia raza. Ellos van y vienen. Están en busca de un hermoso día. Ellos viven en su comunidad. Se despiertan por la mañana y se preparan para volar a su destino de un día. Se elevan alto en el cielo azul. Allí están en formación V, Gaviotas, próximos Cuervos, debajo de Pinzones. Los pájaros van por el aire en su grupo. Su destino es cercano, pero a un área diferente. Algunos pájaros están en busca de granos, otros en busca de gusanos. Más grandes en busca de peces. 'Por la noche, todos coleccionables de su propia clase. Vuelven a sus casas para disfrutar de su familia y el tiempo para estar juntos.

"Me pregunto qué dicen".

¿Relacionan su día con sus padres y sus polluelos? Además, están preparados para descansar y hacerlo todo de nuevo. Veamos: su propia naturaleza los colecciona incluso tú, parece inevitable, verlos en un momento de necesidad para ayudarse unos a otros de los atacantes.

Yo, finalmente, estaba fuera, y estaba arrastrando mis cobijas, estaba tan débil, frágil después de haber estado en una cueva, pero quería caminar los últimos diez pies lo más rápido posible. Finalmente, abro la puerta. Esta Prisión era una seguridad mediana.

El Guardia me vio salir de allí. No sé cómo miré porque

"Entra, siéntate, ¿Estas bien?" El guardia me preguntó.

"No, pasé cuarenta días en el agujero SHU," y señalé a las ventanas del edificio." Respondí.

De inmediato sacó una silla para poder levantar los pies, me sentó en frente de un televisor y él dijo.

"No te preocupes, va a ser mejor".

"Tengo que ir a mi habitación", le dije mientras trataba de levantarme.

"No, déjame llamar a alguien".

Llamó a alguien con un carrito, tomó mis cosas para mi nuevo edificio Un edificio con camas abiertas, ochenta y nueve camas, los reclusos instalaron mi cama y todas mis cosas. Muchos de los compañeros de habitación me estaban dando cosas, para higiene, ropa y comida. Me reciben tan dulcemente. Todo lo que puedo pensar es colocar la Biblia en mi corazón después de todo lo que había pasado, no podía soportar el ruido, ni todo el movimiento de personas, y yo estaría en la litera superior con mi pierna mala. Bueno, entré al edificio y todos estaban callados en sus camas.

"Vamos a cuidar de ti". Luego me dijeron:

"¿Cuánto tiempo estuviste en el SHU?"

"Cuarenta días y" mi castigo fue solo por quince días, eso es lo que me dieron".

"¿Por qué...?"

"Me golpearon mientras dormía con mis auriculares puestos, a las tres de la mañana en una litera estrecha de tres camas y yo estaba en el medio. Esta enana dijo que lo hizo porque su madre falsa estaba aquí, y que era hora de que se fuera, y que quería verla antes. Además, esta enana fue liberada de la SHU antes que yo." Dije

Tan pronto como me di cuenta tenía miedo de haber dicho esto, pues ellas podrian muy hacerme muy fácil eso aquí también.

"¿Qué? ¿Está ella aquí en la misma prisión? Eso no está permitido."

"Bueno, no te preocupes, te cuidaremos. En este momento, el oficial nos ha castigado, y se llevaron el televisor y las microondas durante dos semanas. Así que disfruta de tu descanso."

"Gracias," dije.

Mi cama superior estaba al lado del televisor y el microondas al otro lado del estrecho pasillo. Elogié a Dios por ayudarme. No podía ni siquiera ponerme los auriculares para escuchar el radio. Estaba tan frágil y destruida que me llevó dos días recuperarme. Me desperté al tercer día y le di gracias a Dios, ahora puedo pasar el televisor. Acababa de decir eso cuando un compañero de cuarto grita.

"Tenemos el televisor y el microondas de vuelta".

Más tarde, después de una semana tuve que volver a entrenar. Te guiarán sobre su prisión y cómo funciona. Primero tuve que estar en la cocina durante tres meses, incluso si solicité otros trabajos. Entonces, estaba haciendo las cucharas, luego sirviendo la comida en la línea, y algunas veces limpiando mesas y limpiando el piso. No podría hacerlo porque debes mover tu pierna de una manera determinada que mi pierna mala no pudo hacer, y termino con un dolor horrible. No pude ir a medico y pedir una restricción, porque entonces me metieron en una litera de abajo y estaba todo cerrado, oscuro, y soy claustrofóbico.

Me limpié el costado con mucho cuidado y lento, pero nunca falla, aquí viene una cubana le dijo al guardia que me pusiera a fregar todo el lugar y ella haría algo más. "

"Les dije que no podía".

Sin embargo, a menos que reciba una nota del médico, no les importará. Entonces, como recordarás, el doctor no

Cuídame. Tuve que fregar. Puse la basura de su lado, y al final, tuve tanto dolor que el médico de la Marina, el gerente, me vio en una conmoción que me dio tres días en la cama. Me volví hacia la cubana y le dije.

"No sabes lo que otras personas tienen, deja de ser tan entrometidas".

Se volvió y vio la basura de su lado.

Después de un mes, solicité un traslado al lugar de verduras. Estábamos detrás de puertas cerradas dentro de este refrigerador, cortando frutas y verduras. Teníamos cuchillos, así que tenían que estar bajo llave y con una cadena.

"Guau, me acusaron de golpear a alguien, y me dejaron entrar con otros con un cuchillo".

Al final del turno, todos estábamos listas para salir y ser registrados para no sacar nada y vender. eso.

"Excepto por las negras", llenan bolsas de verduras para cocinar en los dormitorios con el microondas, y los guardias les permiten que las tomen. Pero no otras. Un día, tuvimos a cargo de nosotros a este oficial que era un sacerdote en el exterior, "eso es lo que dijo" y cuando salimos nos esculcó, pero la búsqueda es otra palabra para abuso, de una manera muy inapropiada #METOO porque Salgo de allí con la cara toda roja, que todos me preguntaron qué pasó.

Más tarde cambiaron a una mujer negra y guardia flaca para que estuviera a cargo, y un día yo sali sonriendo, y eso no le gustó porque me golpeó en el estómago y me preguntó:

"¿Qué es lo que escondes allí?"

"Mi grasa, respondí,"

Vimos que la dama negra que trabajaba con nosotros tenía muchas verduras escondidas en sus acxilas, sus partes privadas, sus botas. El oficial la llamó a la oficina y le dijo que tuviera cuidado.

Negra con negra, por supuesto, mientras que otra blanca antes de mi tiempo fue capturada y la enviaron a la SHU y luego la transfirieron a una prisión más alta. Vea la diferencia en sus reglas y leyes. Los hacen a medida que avanzan.

Después de seis meses sirviendo en la cocina, el oficial me llamó y me transfirió a una unidad diferente. No sé lo que tenía esta unidad, pero tan pronto como estuve allí, mis ojos comenzaron con alergias. Los cubículos abiertos o las habitaciones tenían una litera de dos camas, y ahora estaba compartiendo con una mujer negra marimacha. Ella comenzó a mirarme debajo de mi camison cuando subí las escaleras hacia mi cama. La llamé la atencion por eso. Luego estaba cocinando y dejó caer un pollo crudo y verduras en el piso, y ella unta el piso con un kotex. Más tarde, dejó caer la sopa en su casillero y volvió a untar las paredes con otro kotex. Me fui a dormir tenía que estar en el trabajo a las cuatro de la mañana todos los días.

Al día siguiente, me levanté e hice mi cama y fui a trabajar a las cuatro de la mañana. Cuando volví, el guardia de la Unidad me llamó porque la mujer negra gay le dijo que me fui sin hacer mi cama.

"NO, yo hice mi cama". Le dije:

"Mi compañera de litera arruinó mi cama para poder quejarse de mí. Ella me huele cuando subo la escalera, y le llamé la atencion. Además, luego trae pollo de contrabando crudo que tiró al suelo y luego su sopa por todo su casillero y ella solo la unta con una almohadilla femenina".

"No, hice mi cama, y quiero que me muevan". de vuelta a la otra unidad. Este me está dando alergias, mira mis ojos, aquí hay algo a lo que soy alérgico, el moho negro que sale del aire acondicionado que estoy debajo".

Bueno, ella detuvo sus quejas. Todavía estaba con los ojos rojos y muy rojos porque tenía que usar gafas de sol todo el día porque se vein terribles.

La enfermera y el médico no hicieron nada, y finalmente me dieron algunos antibióticos. Mis ojos brillan por dentro, salían las cosas blancas, y no me movían ni me llevaban afuera para ver a un médico de verdad. Hasta ahora, mis ojos sufrieron una enfermedad permanente. Fui a comer, y llegó el momento en que el Guardián del oficial superior se quedó allí de pie mirando el almuerzo y para que pudiéramos hablar con ellos. Bueno, el asistente del Guardián me llamó para verlo.

"¿Tiene permiso para usar esas gafas?"

Bueno, me quité las gafas, lo miré y le dije:

"¡Los médicos no me ayudaron!"

"Vuélvelos a poner y listo." Oh, él se asustó de que acabara de decir.

Pedí que me relevaran de mi trabajo hasta que esto se aclare. No pude cortar cebolla así. Fui a ver mi consejero mientras él estaba caminando. Lo detuve.

"Mira mis ojos, los doctores no hacen nada, y he estado así desde que me trasladaron a ese edificio". He pedido que me devuelvan y me dijeron que no podían. Si me quedo ciega por esto, te demandaré."

Bueno, volví a mi edificio, y la oficina me llama de inmediato, oye, te estás mudando al lado. Bueno, las alergias se habían ido lo antes posible.

"¿Por qué?"

Simplemente no les importa hasta que los trates.

Un día me llamaron a la SHU porque me iban a enviar al hospital para ver si había algún problema que tuve durante mucho, mucho tiempo. Me pusieron en el SHU donde me colocaron el primer día que llegué allí. Por la mañana me llamaron y me enviaron a la oficina principal, donde llevaba puestos esos kakis llenos todo de graffiti y arrugado. El uniforme dentro de la prisión era de trajes kakis, y todo prensado y limpio, y zapatos Nike. El que te pusieron para salir fue lleno de arrugas y graffiti y tennis viejos azules bajos.

Me esposaron los pies, las manos, la cintura y las cadenas alrededor de las esposas.

Estaba tan contenta de poder ver a la gente afuera, que no me importaba cómo me veía, tenía una sonrisa en el rostro desde oreja a oreja. No podía ocultarlo, incluso mientras caminaba encadenada como si yo hubiera matado a cien personas.

Estaba sentada allí, con los dos guardias y las enfermeras y los médicos fueron muy amables conmigo. La Guardia se disculpa por tenerme encadenada ya que venía de un campamento y allí no te encadenan. No guardia lo lleva a ver a los médicos, no hay paredes, y es por eso que se llama campamento, pero con una cerca invisible, ¡lo cual es temor al Departamento de Justicia!

Cuando estaba siendo examinada, el guardia me dejó por un segundo.

"¿Qué hiciste? Un médico me preguntó."

" Bueno ... ", respondí.

"Solicité la bancarrota, pero decidí no hacerla. Solicité al juez que lo cerrara. Quería resolver el problema ya que no me sentía cómoda al declararme en bancarrota."

Lo cual es ayudar a la gente, como lo es a que las Corporaciones se vuelvan a poner de pie y sean perdonadas durante los próximos siete años. Después de eso, según la ley humana y la ley de Dios, no debes, se llama "Jubileo". Confíe y escuche a los abogados, que para continuar con mi vida tuve que declararme en bancarrota.

Dije que no, que iba a llamarlos porque me negaron el plan de Obama House sin motivo alguno el viernes y que mi casa iba a ser vendida el martes siguiente, que era de nuevo en las vacaciones. Y así, tres años después me obligaron a declararme culpable de algo que no es un crimen. El banco acordó trabajar conmigo, así que le escribí al juez y le expliqué por qué quería cerrar la solicitud. El juez respondió y aceptó sin ningún problema.

"Un crimen, para ser un crimen debe haber dos personas involucradas, y una ha sufrido una pérdida por algo como un homicidio, violación, incendio premeditado, robo, hurto, escape de la prisión, o ayudando en un delito grave."

Como se describe en el" Black Law Book ".

Es difícil de decir, pero los jueces y los abogados que ponen a las personas en prisión

"¡Solo, Porque Pueden!"

y con esto están ayudando en un delito grave, por privatizar la libertad, se llevan tu vida de trabajo, tomando la probabilidad de tener éxito después de eso y destruir familias sin ninguna razón, ya sea que usted sea blanco, hispano, negro o morado. Como dije antes, los abogados para convertirse en abogado. Deben pasar tiempo en la cárcel y la prisión sin privilegios. Como los médicos tienen que pasar un tiempo en la residencia.

En Una Prisión Federal Media

Los guardias: ¿qué piensan de ti?

Bueno, que eres un idiota porque te atraparon y los verdaderos criminales están fuera. (según sus propias palabras) Conocen el sistema, odian el sistema, ¡pero quieren el dinero!

Este lugar es un desastre. Los delincuentes más importantes tenían más privilegios porque, por supuesto, están allí por muchos años o durante toda su vida. Entonces, los "reclusos" a corto plazo, como nos llamaban, tuvimos que trabajar en los trabajos más bajos y no tener ningún privilegio. Eso es discriminación. Este lugar es como ir a la universidad, y debes encontrar un trabajo, mantenerte ocupado con las clases y luego tener muchas fiestas para cualquier excusa o celebración.

Bueno, cuando finalmente estuve en la prisión de seguridad media (Tallahassee). Ingresé con un excelente informe. Esos son los compañeros de cuarto, muy amables y serviciales. Descubrí, como mencioné anteriormente, que hubo varios tipos de crímenes. Eran de una pena de seis meses como la de mi compañera de habitación anterior, una empleada de correos, y eso me recuerda que cuando me quejé de que los cheques de mi empresa eran robados y cobrados por los que "acusaban a la compañía" y que hicieron un cambio de la dirección de mi correo al de ellos, y por lo tanto robar los cheques de la compañía. Tenía pruebas y su firma, y la Oficina Postal no hizo nada. "Solo cuando lo deseen,

¡Solo, Porque Pueden!"

Algunos otros estuvieron allí debido a fraude. Illegales que ganaron mucho dinero de los Estados Unidos a través de sus países. Otros eran los jefes, en la agencia del gobierno o en los bancos y dinero de malversación y se les dio solo seis meses y, por supuesto, la involucrada se quejaba de hacer demasiado tiempo.

Otros estaban haciendo The Clintons Diez años mínimo, solo porque conocían a alguien, pero ¿¿¿no dijo nada??? Si sabes algo, di algo, pero no hicieron nada más por dejar que alguien usé su teléfono (más tarde tuve algo así). Al gobierno no le gustan los soplones dentro del gobierno, y se cubren el comportamiento inmoral del otro. (como hemos visto en este momento) Por otro lado, si estás afuera, vas a pagar con DIEZ años de tu vida. Si no dices algo o no lo dices como la

"Ley de Conspiración de Drogas de Clinton"

Terminas haciendo un mínimo de DIEZ años. Muchos de ellos fueron traídos de otros países y nunca habían estado en Estados

Unidos. Como sabían, pasaban o dejaban que alguien usara su teléfono, fueron condenados.

Aquí desde sus países a los EE. UU. para cumplir su sentencia, que los verdaderos traficantes de drogas testificaron contra ellos para que reciban una sentencia más baja o simplemente sean indultados.

Al final, se termina que el ciminal es liberado o hacen solo uno a dos años, y su gente atrapada sirve el "Diez MÍNIMO" hecho por" Clinton, Hillary, es decir, Bill se disculpó por esto en 2014, pero... ¿todavía sigue destruyendo nuestras vidas? Se muestra en la televisión también relacionado con una reunión en el Congreso en 2015.

¿Hay alguna lógica sobre eso?

Este caso fue en TV CSPAN. Mientras miramos muy atentos y con la esperanza de que vieran la verdad en esta reunión con la esperanza de que cambiarían la ley. Esto sucedió más adelante en mi trayectoria en este caso, nuevamente volví a ingresar en la prisión y fui enviado a otro campo (me enviaron para mi período de prueba simplemente porque quería recuperar mi casa. Entraré en detalles en los próximos capítulos). Los politicos se disculpó por lo que le había pasado a una persona. Ella hizo diez años, y también, se le hizo jugar que, si hacía algunas presentaciones y si asistía a la escuela, podría salir antes.

NO., NO., NO. ¡Eso no sucedió! ella cumplió sus diez años. La jueza desestimó sus pedidos, y pudo obtener su GED., y su titulo por correo. Mientras tanto, los verdaderos criminales solo tenían libertad condicional o dos años.

¿Por qué?

Porque usan la RUTA, lo que significa que me hablas de otras personas a las que podemos perseguir y testificarás en contra de ellos, para que puedas tener menos tiempo (octubre de 2015).

Algunos asistieron a esta reunión que puedo recordar ya que todos mis Lo volvieron a robar por segunda vez fueron:

"La Gran Honorable Sally Quillen Yates - Georgia – McCain

John Coenyn Whip Mayoritario – Texas

Dick Durbin - Demócrata - Illinois

Chuck Grassley Republicano Iowa

Judi Sidney - Senado.gov

Davermont Senado Patrick Leahy

Mike Lec - Utah Republicano 2015

Bien, otra estaba allí porque enviaron a otra persona a matar a su marido o a alguien, o simplemente mataron a sus hijos. No digo que todos sean inocentes, pero aproximadamente el 30% son inocentes, y entienden eso, pero la BOP BUREAU OF PRISONER'S. En lugar de ayudar, se ríen de ti por haber sido armados y hacer que tu vida sea peor que la de los demás.

Eso es lo que dicen sobre nosotros ...

15

La Apelación

La Apelación

Luego descubrí que, en mi apelación, el mismo abogado recién graduado que acaba de tirarme a los boxes fue el único en poder apelar. ¡Oh no! Pude escribir a la oficina del tribunal de apelaciones y solicitar otro abogado, alejándome del juez que me dejó sin representación.

Finalmente me designaron un nuevo abogado que nunca conocí, o vi, o tuve la idea de que era real, no pude obtener su dirección, ¡quien simplemente me ignoró! Finalmente archivó y me envió una copia, si lo aprobé o no; OTRA VEZ, no tuve voz.

Ellos juegan su propio juego, y yo no tenía voz ni voto. Envió a la corte la apelación, nada por lo que pedí apelar.

- ➢ Esto no es de ninguna manera un crimen
- ➢ La corte me forzó a declararme culpable o me pudriría en la cárcel
- ➢ Me retuvieron durante más de diecisiete meses sin una acusación formal, ¡ilegal!

> ➤ Estafaron al tribunal porque cambiaron la Plea y agregaron otra Plea que nunca accedí o vi insertada entre las páginas. (Como este abogado me envió la copia)

Bueno, la apelación decía:

"Ella no debe ser considerada culpable, y el caso debe ser desestimado. Ella no habla bien inglés, y no entendía el sistema, y se le negó un intérprete. Una persona de habla inglesa no entiende la mayor parte del término legal, y mucho menos no comprende el inglés regular y mucho menos el inglés legal, por esta razón, es inocente bajo la ley ".

"Estoy de acuerdo con el caso, y Dejé la representación."

¡Dios mío! ¡que broma! Es este sistema en alguna manera, ¿de verdad? Siempre se hacen el tonto, pero esto fue ya suficientemente lejos, y deberían ser los encarcelados. Como bien adivinar, mi apelación ahora se descarta y no tuve más representación.

Envié una moción al tribunal para desestimar mi caso y aplicar un cargo por fraude a la persecución. Quien me obligó meramente a pedir perdón "donde no se cometió ningún delito", y querían agregar a mis cargos doscientos cincuenta kilogramos de cocaína con la intención de vender. (Tonta, el juez fue quien le dijo a mi abogado designado que debía declararme culpable o que me pudriría en la cárcel)

¿Qué estaba pansando?

"¡Nunca he visto drogas!"

Obtuvieron las diez páginas y una página en frente de la firma, agregaron tres páginas de otra "información", ni siquiera se agregó un cargo como otro (lo hacen como si fuera simplemente dulces) Cargo por delito mayor, agregado a la Plegaria. Descubrí todo esto luego de que el Abogado de Apelaciones me enviara la copia de la Declaracion de Culpabilidad. ¿Cuántos fraudes más puedes hacer y salirte con la tuya? Bueno, al igual que mis otras mociones, esto fue "ignorado". El tiempo permitido para responder había pasado hace mucho tiempo.

Hice una solicitud de movimiento predeterminada, ya que no respondieron a tiempo,

"Así que gané por defecto, ¿verdad?"

¿Así es como me lo han estado haciendo a mí, así que así es como funciona? Como lo hicieron con todas mis otras quejas y en cada momento, me metieron en la cárcel, por lo que no pude estar presente, y se realizó una orden por defecto. Experimenté que, si no es un abogado, e incluso si está presente, el tribunal lo ignora.

Puede mostrar pruebas, solicitar o hablar, y ellos simplemente continuaron con la jugada ignorándote. "No eres un abogado; por lo tanto, usted no existe."¡

No, va, por un lado, a su manera, ¡y de ninguna otra manera!

El mismo juez que me llamó todos los nombres en su libro. El juez que rompió el trato dándome el MÁXIMO, y más diciendo que todo el tiempo que ya se servi no fue contado (ilegal). El Buró Federal de Prisioneros de la Oficina Federal de Prisiones no escuchó eso y contó un poco, no todos, el tiempo transcurrido desde que estuve encarcelado durante diecisiete meses: arresto domiciliario, cárcel, arresto domiciliario, cárcel, cárcel, y luego enviada a prisión. (Esto luego el juez lo supo y me castigó más tarde.)

El juez me contestó respondiendo

"Una Petición Frívola".

Todo lo que pedí o gané fue registrado y certificado como Frivola. Sin embargo, el fraude de la Persecución está bien, y para agregar más a esto;

"La Persecución no tenía tiempo para mí, y por esa razón, ¿eran libres de ahora en adelante y quedarían libres de tener que responder a cualquier reclamo que yo haya presentado?".

El juez lo ordenó.

Todavía hoy no entiendo mis acusaciones – arrojarme en el hoyo. Déjame en las calles sin poder conseguir un trabajo en el futuro. ¿Así que toda mi vida yendo a mis trabajos y hablando de mí? "No bebí, fume o fornique", me dedique a trabajar en tres trabajos en ese momento, a conseguir que mi hijo ingrese en la escuela privada y obtener una casa, un lugar donde vivir y poder retirarnos, y servir aDios. Ya me haboa retirado. El Banco entró, nos sacó de las casas ya pagadas por la ley del código Universal UCC.

➢ Agregue los +CIENTOS Y VEINTICINCO MIL dólares de la venta del negocio que pagó a nadie que yo conociera. ¿Dejando? SETENTA Y OCHO MIL dólares libres después de que paguen sus honorarios, y aún así el tribunal no me dirá dónde está ese dinero. 125,000.00

➢ Se llevaron mi casa y nunca me informaron ni lo publicaron. Enviaron a alguien a tirar todas mis cosas a la calle, y dejaron a mi hijo en la calle, robaron mis tres perritos bebés, detuvieron la universidad de mi hijo y se la dieron a inmigrantes por debajo del precio, y no tengo nada. Un valor de + CUATROCIENTOS Y TREINTA Y CINCO MIL dólares, y todas mis pertenencias personales, automóviles, motocicletas, reliquias familiares, imágenes, toda la mercancía comercial, muebles caros.

Solo, mi comedor tenía un valor de + VEINTICINCO MIL dólares. Así que agregue la electrónica, computadoras, coleccionables + TRES, TRES MIL DÓLARES por perro, y así sucesivamente. 435,000.00

➢ Agregar mi otra propiedad pagada valorada en + CUATROCIENTOS CINCUENTA MIL dólares. Que no pude vender, pero como querían dejarme en la calle comenzaron a entrar y tomar y destruir todo dentro y fuera. Como sabían que cometieron fraude al entregar documentos judiciales a la Cámara, cuando supieron exactamente mi dirección y dónde estaba. Contacté a Fannie Mae acerca de la propiedad, de inmediato el abogado de GMAC me llamó (¿de dónde sacó mi nuevo número de teléfono?) Tan pronto como estuve en la casa y me ofreció DOS MIL dólares y ya dejala. 450,000.00

➢ Añadir a esto el Departamento de educación que me envíome una factura de -DOSCIENTOS SETENTA Y CINCO MIL adeudados y subió de SETENTA Y CINCO MIL, más otro -NOVENTA MIL a nombre de mi hijo. Como no respondiste allí, se aplican tarifas, tarifas y más tarifas para una escuela que era pequeña y no podía terminar. Nuevamente, ¡le agregaron al préstamo por no contertar! Solicité una prueba, y bueno, no pueden probar, y simplemente me ignoran. Además, esto se pago, y no registrarían este "fraude" (275,000.00) más (90,000.00)

➢ Casi olvidó que añadieron una restitución a una bancarrota de la que nunca me declare culpable - CINCUENTA Y SEIS MIL dólares, más - DOSCIENTOS CINCUENTA dólares por honorarios de la corte. ¿Cómo puedo tener una restitución cuando el Tribunal tomó todo mi dinero y mis pertenencias? (52,000.00) más (250.00)

➢ Cada vez que me quejé, archivé o traté de vender mi casa y recuperar el dinero del negocio vendido. En el cual una vez que pude estar en la corte, y acordamos que ellos no tenían derecho. Me enviaron a la cárcel, se me prohibió llamar a nadie, estaba sin ayuda, sin abogados que trataron de ayudarme, en cambio, ellos fueron los perseguidores peor que la Persecución. Perdí todo mi dinero por defecto. También perdí toda la confianza en la policía, el FBI, los abogados, los jueces y el sistema judicial,

"Por Defecto".

Todo es un teatro organizado, haciendo que la ley de los "Nosotros la jente de los E.U.". Podra ser útil para otros, pero para muchos no culpables como yo, muchos inocentes, muchos más que menos acusados injustamente, y los acusadores fueron los que violaron la ley y los verdaderos criminales y los liberados porque tienen dinero para jugar.

Charge	My Assets Before	Now I Owe
0	125,000.00	275,000.00
0	435,000.00	90,000.00
0	450,000.00	52,000.00
0	1,500.000.00	250.00
	1,010,000.00	*417,250.00*
	Me Robaron	y todavia me cobran

¡de la nada!

16

¿Esclavitud Moderna. Trabajadores Gratis?

¿Esclavitud Moderna Trabajadores Gratis?

En la Prisión de Seguridad Media, solicité ser docente, me negaron por supuesto. Tu no eres capaz de conseguir un trabajo a menos que te quedes cinco años de vida. Te colocarán en la cocina y trabajos mal pagados ...

"Porque Ellos Pueden!"

Aplique para trabajar en la biblioteca -   Negado

Aplique para trabajar de jardinera -   Negado

Aplique para trabajar en la oficina -   Negado

Aplique para trabajar en la horticultura -   Negado

Aplique para trabajar en Recreacion -   Negado

Aplique para trabajar en el Almacén –   Negado

Aplique para trabajo externo-dentro de la cárcel -Negado

En todas las Prisiones o Campamentos Federales, también ofrecen trabajos que hacen el mismo trabajo que harías en el exterior, como responder llamadas telefónicas, telemercadeo,

Entrenando a los Perros, pero ganando ciento veinte dólares al mes como máximo haciendo este trabajo a tiempo completo.

"Esclavitud, Trabajadores Gratis";

Te ponen a trabajar durante horas en las oficinas que las grandes compañías como el Gobierno o Verizon tienen estos trabajos dentro de los sistemas penitenciarios. Mientras que en el exterior le pagarían doce dólares por hora o más dependiendo del trabajo que esté haciendo. El pago aquí es de diez centavos por hora. Menos un porcentaje se deduciría de esa ganancia por los honorarios del tribunal de doscientos cincuenta dólares y la "restitución". Al igual que en mi caso, no hubo víctimas, por lo que no hay delito, pero aún así tuve que pagar.

Me fue negado obtener cualquiera de esos trabajos. No se me permitió ganar dinero, e incluso si trabajaba, no me pagarían. Querían asegurarse de que no pudiera comprar estampillas postales ni hacer llamadas telefónicas para obtener ayuda de nadie. Le dijeron a mi familia que no me ayudaran porque yo era un criminal y no iba a salir de allí, solo continua con tu vida y olvidense de ella. Entonces, como amenazaron a todos los que yo conocía, yo estaba sola. "Dios y yo te recuerdo y asegúrate de entender, este es un tiempo breve en comparación con el resto de tu vida. Estuve allí por un total de veintiocho meses, menos el tiempo servido. Eso es después de que no contarían el tiempo que hice en varios lugares.

Tres meses aquí, luego fuera.

Arresto domiciliario, otro.

Tres meses aquí y alla, luego otros

Tres meses mientras esperaba ir a prisión,

Así sucesivamente.

Ahora, toda tu vida, una vez que te tienen allii, te tratan como a una cosa, no importa cuál fue el "crimen", te preparan para dejarte morir allí tanto como puedan hacerlo. Descubrí que los Killers Prisioneros tenían más derechos y un mejor trato.

Permítanme recordarles y observar que estos lugares son propiedad privada de los jueces, son los dueños de la mayoría de ellos así que por supuesto, ellos quieren gente en el interior. Cuando comencé a decir que hay un alto porcentaje de estadounidenses con un delito grave. Es muy fácil forzarte y asustar a todos los demás para que se declaren culpables y hagan su tiempo. Su derecho constitucional de confrontar a sus atacantes es nulo, especialmente en mi caso,

"¿Quién iba a testificar en mi contra si no habia víctimas?"

La peor parte es que intentarán destruir su vida, su familia y si quieren prosperar, ¡ellos encuentran la manera de atraparte de nuevo, y no pararán de seguirte!

Cuando salgas a comer en la cafetería, debes comer toda tu comida adentro. Tuve una manzana para más tarde, y el guardia me quitó y arrojó la basura. ¡Que desperdicio! Sin embargo, los negros podrían tomar toda la comida de la cocina y luego venderla en los dormitorios. Los negros dijeron que este es nuestro lugar.

La comisaria es propiedad de la esposa de un presidente anterior, (todos dijeron) que te venden mercancía vieja, vencida, pasada de fecha y de calidad de las tiendas 99 Cent a un precio más alto que las tiendas minoristas, nucho más caras.

Debes ganar tu dinero. A veces, vendiendo sus propias comidas o de su trabajo tomar cosas para vender. Si haces esto, estás arriesgándote a que si ven te dirijas al SHU o te envíen a otra Prisión. ("¡Así que estoy fuera!") Alternativamente, solicite a su "familia" que le envíe dinero, y la Prisión tomará un porcentaje de eso para pagar las tarifas.

No tenía a nadie que me enviara dinero y algunas veces conseguí algo después de mendigar,

Rogar y

Pedir veinte dólares.

Dinero para usar en sus necesidades o comprar sellos o algo para mantenerme ocupada como un pasatiempo, y no se vuelva loco. Estás sola o buscas a alguien que se está yendo, por lo que puede obtener su ropa vieja o comprarla de otros. Obtuve algunas verduras frescas para mis "amigas" sin cobrar, y a cambio, solo conseguí nieve derretida (Dios les pagará).

Necesitas dinero para tener comida después de sus comidas, o para hacer alguna artesanía. Sí, tienen clases que puedes tomar, pero todas cuestan dinero, $ 200.00 y más dependiendo del curso. "Compra materiales", cómo puede obtener $ 200.00 bien solo si su familia sigue enviándole dinero, ya que siempre escuché a todos por teléfono, todas las semanas mendigando por favor díganme *** (para enviarme dinero, si saben lo que es mejor para ellos.)

Pedir dinero todos los días en el teléfono que es lo que escuchas.

¿Por qué? Porque si no, se volverían locas allí, sin poder hacer nada para dejar pasar el tiempo. Yo no tenía a nadie, así que escribí mucho a la corte, defendiendo mis casos y mostrando las ilegalidades que cometieron. Entonces yo descubri que si das todas esas ilegalidades y el juez las despide, no tienes otra oportunidad de devolverlas para tu defensa, así que cambié, y estudié lo que podía encontrar.

Bueno, ni siquiera podía comprar sellos, comprar todas mis necesidades de limpieza, compre tenis a $ 60.00 o más y su ropa.

No podía comprar unos tenis, así que tuve que usar algunos usados, y su paso es completamente diferente al mío, así que mis pies se deformaron y, hasta ahora, todavía sufro esta distorsión cuando trato de caminar. Solo le proporcionan un pequeño cepillo de dientes, pasta de dientes, afeitadora y kotex. El uniforme y la ropa interior. Botas con punta de acero, pero no te darán sandalias ni tenis, por lo que es una necesidad tener dinero para sobrevivir. Solo gané cinco dólares al mes, y llamar a casa costará veinticinco centavos por minuto o cincuenta y dos. centavos, así que tuve que hacer que ese dinero durara. Entre mi descanso, corría a mi casa para usar el teléfono y me sentía un poco libre llamando a casa, marcaba y pasaba todo el proceso para que se aceptara la llamada; luego, una vez aceptado, decía...

"Hola, ¿cómo estan? Bien, estoy bien, esto sucedió, por favor cuídate, Adiós,

Eso fue solo una llamada de dos minutos porque no podía pagar más, pero todo el día estaba esperando esos dos minutos en el día de la vida real. Sintiendome oprimida y esperanzada por los próximos dos minutos de llamada telefónica.

Te mantienen trabajando en la cocina durante tres meses a cinco dólares al mes. Debes trabajar durante tres meses en la cocina ya que nadie quiere estar allí a menos que seas cocinero y negra porque entonces tienes el privilegio de cocinar lo que desean y llevar comida a tu habitación y venderla. Alternativamente, usted es aceptado en otro trabajo, que no obtendrá a menos que le queden cinco años o más. Entonces, trabajé en la Línea. Diez dólares pagan por mes.

Te hacen tomar una línea forzada de clases y el GED si no está en tu PSI. No importa que tengas la universidad si Pretrial no incluyó el GED en tu informe, te obligan a tomar estas clases de kínder, (las tomé en tercer grado fuera de E.U.) Llamando a GED. Además, te dan un grupo de cursos que puedes tomar; esos son

Voluntarios,

y

deben hacer

La escuela de aprendizaje como lo deseen es por la noche, proporcionados por otros reclusos, también.

Estos me llevan a lo que confrenté: después de los tres meses en la cocina, solicité trabajar y ser trasladada a la jardinería. Fui aceptada e iba a ganar veinticinco por mes. Así que, me transferí, limpié la pupis de los gansos que hacen toda la noche en la pista. Estos son lo más cercano que se puede llegar a la naturaleza.

El primer mes recibí cuatro dólares y firmé el paguo de doce. Fui a mi oficial que me envió a otro guardia, quien me dijo que fuera a otro guardia superior a la hora del almuerzo. Le expliqué que firmé para doce y obtuve solo cuatro. Dijo que lo consideraría.

El mes siguiente trabajé más, así que firmé mi cheque de sueldo por veinte al mes. Mi paga llegó, y solo tengo cuatro. ¿Le pregunté al guardia por favor dime por qué?

Finalmente, lo hizo.

¡Porque tenía un cargo por drogas (¡la píldora que me tendieron y no me cobraron, que la cárcel me dio, y me negué a tomar!),

Así que me había negado a tomar una clase de medicamentos voluntarios, dijo

el oficial

Contacté a mi Psych,

"No, estás bien, eso fue voluntario, no podemos cobrarte por ello".

Volví a la guardia oficial, ella me ignoró, así que fui con el asistente del Mayor Warden. Él me aseguró que se encargaría de eso.

Mientras tanto, tomé una clase de diseño de moda. Las dos finalistas fueron una dama negra y yo. Los jueces eran dos guardias, uno blanco y otro negro. Entonces, estábamos empatadas, y mi maestra dijo que yo era la ganadora, así que trajeron a otra dama negra que no tenía nada que hacer en el aula y le gustó el dibujo de un vestido hecho por la dama negra, así que, por supuesto, ella ganó. Tuvimos que recoger nuestros regalos en la recreación donde trabajé, y cada vez que fui allí.

"¡No hay nada, todavía no está aquí! Dijeron.

Finalmente, mi jefe vino de unas vacaciones, y pedí mi regalo. Era el mismo que firmó mis cheques por veinte y obtuve solo cuatro, y el que decidió que la dama negra ganó el Concurso de Diseño de Moda. Cuando yo cree una pieza real, no solo dibujos.

Fue al casillero después de dos semanas y recibi mi premio.

Lo abri y solo obtuve la mitad.

¡Frijoles, arroz y galletas, habían robado los dulces y otras cosas, los guardias se robaron mi regalo como si lo necesitaban!

¡Les pagan! Además, yo no tenía a nadie que me enviara dinero, ni me pagaban como debían. Mi jefe, un guardia, se disculpó y dijo

"Eso no debería haber sucedido, lo siento. Lo siento mucho."

Bueno, lo siento no llenará mi estómago, y el no pagarme tampoco me ayudará con mi viaje a la libertad.

En cualquier caso, también gané una rifa, pero decidieron rehacer, y ¡No obtuve nada porque lo querían!

¡Fui marcada!

Llegó la hora de ir a la Casa de Mitad de Camino. Necesito ese dinero para poder conseguir un teléfono en el exterior. Bueno, se supone que deben darme cien dólares por comida y viaje más mi dinero ahorrado y el pago atrasado. Me debían. Me prometieron pagarme eso. No, lo guardaron para ellos.

Fui a conseguir mi dinero ganado, ahorrado y el fondo de traslado. Solo obtuve cincuenta, de los doscientos cincuenta dólares que debería haber recibido.

"¿Dónde está el resto?" Le pregunté al cajero

"Ah, no sé; aqui esta esto, aquí hay una tarjeta de débito con los cincuenta dólares que pondrán el resto por la tarde, aquí firme, y ya están lista para irse."

Firmé el otro con mi consejero y lo necesito para comida, dinero para viajes, taxi y teléfono. No, me robaron y lo dejaron aparecer en los libros como si me lo dieron. Esto es fraude, y yo fui acusado de *** cuando la instalación de corrección es la que hace todas las estafas, y se ríen de tu cara porque eres el criminal y ellos son los oficiales que lo hacen

"¡Solo, Porque Pueden!"

Pensé ... enviarán al recluso para que me lleve a la estación de autobuses como lo hicieron en el campamento. NO, supongo que llamaron a un taxi para llevarme a la estación de autobuses a unas tres cuadras, y él me cobró cuarenta y cinco dólares.

"No, el BOP BUREAU OF PRISONER'S. (Prisión) ¡Te han llamado y ya te han pagado! ", Dije.

"No, no lo han hecho", dijo el conductor.

El taxista me cobró de más, ¿y qué puedes hacer? Me acaba de recoger de la cárcel, sabe que acabas de salir, y ellos saben que, si no pagas, simplemente llaman a la policía y vuelven a prisión. Lo saben.

Lo bueno es que guardé mi comida empacada durante todo el día para el viaje. Bueno, no pude comprar un teléfono. Me dijeron que cuando llegeas a la Casa de Medio Camino pagaría el otro taxi de la estación de autobuses cuando llegue allí. Conseguí un taxi, llegué a la Case de Medio Camino y les pedí el dinero para el taxi. Se ríen tan fuerte, y luego dijeron:

"Mujer, será mejor que regreses aquí en 45 minutos, o volverás a la prisión".

El taxista intentó llevarme a un cajero automático, pero la tarjeta que me dieron no funciona. Finalmente, el Gran tipo Dios lo bendiga, dijo:

"Aquí esta es mi tarjeta llamame si me necesitas, no te preocupes por esto ahora".

"Gracias", dije.

Estaba en la casa de medio camino. Estaba esperando sus promesas cuando me envían un sobre lleno de promesas y reglas a su Casa de Mitad de Camino, que me encontrarán un trabajo de inmediato, que iba a poder trabajar e irme a casa.

Mientras estoy pasando por esto, la vida continúa, y los ilegales y la gente de otros países han venido y se han apoderado de nuestras casas, nuestros trabajos y nuestras escuelas.

La gente les sonríe mientras están en guerra contra los "tontos estadounidenses". como ellos dicen.

¡Asumiremos e invadiremos poco a poco y dejaremos a su gente sin trabajo, sin hogar y otros simplemente llenándolos de drogas y sexo!"

Asumiremos e invadiremos poco a poco y dejaremos a su gente sin trabajo, sin hogar y otros simplemente llenando ¡con drogas y sexo!"

Illegales por aire y tierra.

17

La Casa De Mitad De Camino

La Casa De Mitad De Camino

Yo finalmente estaba allí en la tan buscada Casa Half-Way en mi ciudad, temblando, por lo que acababa de pasar, y cómo las Oficinas de la Prisión Federal no me daban mis ganancias. Treinta y cinco dólares por trabajo a tiempo completo en tres meses. Ellos son los ladrones, y ellos son los criminales. ¿Es así como corrigen?

Mejor el Taxi Driver me ayudó, el segundo porque el primero simplemente robó todo mi dinero, y qué vas a hacer, quejarte, él sabe que acabas de salir de la cárcel y él puede devolvértelo, así que solo paga y siga adelante.

Para solicitar la casa de Half-Way que es mi derecho.

"La Ley de Segunda Oportunidad "

Debe completar todas las clases obligatorias que le están dando de acuerdo con el PSI y no ser una amenaza. Aplica meses antes para obtener un espacio en la cama en una Casa de Medio Camino, que por lo general están completos. Sin embargo, si quieren más personas, simplemente te han devuelto a la cárcel, no a la prisión, lo que es peor.

¿Qué es la Casa de Medio Camino? Es un lugar en su ciudad de residencia o la más cercana. Te dan tres o seis meses para quedarte allí. Estás allí para ayudarte a hacer la transición de la prisión a la comunidad, ¡como si nunca hubieras estado en la comunidad! ¡Estás en el medio de volver a casa, eso es si te dejaron con una!

Te tratan peor que en la prisión. En prisión, estás sola y debes llegar a tiempo para el recuento y el trabajo.

En la casa de medio camino. Te mantienen encerrada en tu habitación con otros cinco presos. Una habitación pequeña, pero luego te llaman para contar, te pones de pie, limpiaa tres veces al día, después de la hora de la comida, te apresuran al comedor, o van a venir los cien hombres, y no tienes suerte.

Pocas horas de TV que los hombres tienen el control, luego cuentan, pocas horas de TV y Cena, y el resto del tiempo limpiando después del desayuno, después del almuerzo y después de la cena, todo el mundo debe hacer algo. Luego otra vez en tu habitación y no salgas. Pasamos más tiempo en la habitación que afuera, y en los pocos minutos, no se puede salir a tomar el aire fresco porque los hombres están afuera, y adentro tienen el control de las dos televisiones y nosotras solo seguimos y guardamos silencio. Por la mañana después de estar allí una semana sin ir a ninguna parte, debe solicitar tiempo para salir, y debe ser aprobado, debe solicitarlo una semana antes o simplemente lo ignorarán.

Necesito ayuda con mi identificacion. Certificado de nacimiento, SSI, así puedo conseguir un trabajo. La Casa de Medio Camino tiene oficiales (que nunca están allí) para ayudarla a reunir todo esto y poder conseguir un trabajo. En la casa de medio camino, te llaman un recluso, mientras que en la prisión no te llamarían así, sino que te llamaron por tu apellido, como persona.

Mientras estás en prisión, la Casa de Medio Camino te envía un libro de reglas, y te prometen que una vez que estés allí, tendrás un trabajo de inmediato. Sus oficiales obtendrán tu identificación y documentos listos para usted, y podrán ir a trabajar de inmediato y ganar algo de dinero, para que no terminen sin hogar. De nuevo, ¡esto es solo una mentira! Ahora quieren que terminen esta documentación antes de que salgan de la prisión, así que no tienen que hacer nada.

Mientras llegas allí, ningún oficial tiene tiempo para ti, y te envían por tu cuenta a las Caridades Católicas, que están haciendo su trabajo, pero el gobierno no les paga.

Para hablar con un oficial de Casa de Medio Camino, debemos hacer una cita a través de su computadora y esperamos que nos llamen a las siete de la tarde de la noche o nueve de la noche. Porque el resto del día son intocables. En prisión, solo fuiste a almorzar y los viste allí.

De todos modos, así es como sucedió.

Después de que se fue Taxi, me colocaron en una sala de televisión esperando mi entrada. (¿No debería haber sido armado hace meses?) Los oficiales no tenían idea de mi llegada, antes de las ocho de la tarde. Finalmente, me llevan a su sala de reuniones. Vienen con una carpeta, y tienes que firmar un montón de papeles, ya sea que estés de acuerdo o no porque te tienen en sus manos.

Luego otro oficial, una negra de veinte años. (ver arriba) Entró y me hizo abrir mi bolsa. Ella me hizo tirar todo, mi pequeño paquete de caramelos, té, palomitas de maíz y sopa, mi comida. Esto estaba en el Libro de reglas que estaba bien. Necesito tomar un caramelo una vez al día porque mi azúcar baja. Todos mis compañeros de cuarto se acercaron al oficial y me preguntaron por qué tenía que tirarlos, (eran negras, así que hablan entre sí sin respeto). Así que solo pude tomar el té.

Al día siguiente, le pregunté al presidente de Casa de Medio Camino (una mujer negra. Sobre noventa y nueve de las personas había hermanos y hermanas, yo era la señal de @ # $ @ # $)

No negro,

No blanco (acento),

No hispano,

Así que fui yo quien era la que iban a maltratar para liberarse de todas sus frustraciones de vida.

Fui a solicitar si podía conservar mi paquete de dulces por mi salud. Ella respondió con una oficina llena de grandes tarros de caramelos.

"No, nuestra política es no tener dulces en este edificio".

"¿Hmm? ¿Qué?"

"Si necesita algo, vaya y compre en la máquina de caramelos". La presidenta de la casa de medio camino dijo,

Pensé (oh, otro negocio) pero la Prisión no me dio el dinero que por ley se supone que debe proporcionarme para viajar y ni me pago, no tengo dinero.

Ella solo asintió, me ignoró, y me dio la "Mirada negra".

Tuve que irme antes de que ella me reprendiera porque me advirtieron sobre ella.

Al día siguiente: Levántate, ducha, desayuno a las cinco de la mañana, limpia, quédate en tu habitación. Hasta las once de la mañana, mira un poco de televisión, vuelve a la habitación, almuerza, quédate quieta en la habitación (¿dónde están los oficiales?) A la una y media de la tarde. Los que trabajan o que salieron regresan. Llenar su solicitud para salir al día siguiente. No podía salir porque tenía que poner mis papeles en orden, pero si no salía, ¿no podía conseguir mis documentos? Una vez más, el círculo temido, el juego tonto e ignorarlo.

"¿Dónde están los trabajos y la ayuda?", Le pregunté. Bueno, me colocaron en la lista negra (blanca, ¿entiendes?), ¡Nunca debes cuestionar! Pude conseguir mis papeles viejos, así que no podían tener una excusa e ignorar mis solicitudes y negar que pudiera salir a buscar un trabajo.

Nunca me ayudaron a conseguir un trabajo o mis papeles. Conseguí un teléfono sin internet, y tuvieron que aprobarlo, así lo guardaron y nunca me aprobaron o me devolvieron. La otra mujer blanca, porque solo éramos cinco mujeres a alrededor de cien hombres. Me dejó usar la suya porque podría tener un teléfono de contrabando porque estaba trabajando y saldría con un hombre negro.

Ok, es hora de conocer a su agente de libertad condicional.

Este tipo me dijo, oh, ten cuidado, y ella piensa que ella es (la dama artesanal que estaba en la Prisión Fed), y su familia está en Washington, por lo que este oficial es muy mala y quiere decir que le gusta enviar a prisión.

Ella me llamó, y yo me senté, lo primero que hizo fue arrojarme y poner en tu cara que ahora eres un

"Delincuente condenado y, por lo tanto, una escoria".

Ella movió los papeles de un lado a otro, de lado a lado, cajas, archivos como por veinticinco minutos. Solo me senté allí. Luego ella me miró a mí y a esta carpeta y exclamó:

"¡Bueno, no debería mirar tan duro, tú eres mía! Así que repórtate cuando estés fuera de la Casa de mitad de camino."

"¿Fantástico?!"

Después de dos semanas, fui a ver a mi casa con su permiso y descubrí que el juez llamó al banco y les dijo que tomaran mi casa y todo sin dejar nada afuera como la ley lo dice. ¿Qué tiene que ver un juez con esto especialmente cuando se pagó la Casa? Por ley y Ley Universal. Esto es un abuso de los derechos humanos, y lo peor es que se vendió a mitad de precio a un Nguyen de veintitantos años (toda mi vida trabajé para pagar en mi casa y aquí viene una veintena de años- ¿vieja de otro país y que trabaja haciendo uñas y toma lo que pertenece a un ciudadano que terminó su MBA?

También descubrí que estaba pagando dos meses en el momento de la hipoteca, es decir, tres mil quinientos dólares a Tenía suficiente dinero para hacer dos pagos al mismo tiempo cada mes, y además tenía una pequeña niña recién nacida, ¿por eso estaba haciendo muchas propinas?

La vecina me dijo que vinieron un sábado por la mañana y se llevaron todo salió, no lo dejaron afuera como dice la ley, ¡se llevaron y se robaron todo! Luego vendieron la casa muy por debajo del precio a una "mujer soltera" asiática de 20 años, dijo, que hacía uñas para ganarse la vida Ella compró la casa. ¿Estaba casada con el esposo, tenían dos Cadillac Escalades, vivían con la nana y una nueva bebe, mientras ella decía que estaba soltera? ¡Entonces, en Ayuda Social!

Llamé a la policía, le mostré cómo había pagado mi carta por la casa y ahora alguien estaba viviendo allí. Terminé devastada, ¿y ahora qué?

Cuando salí para el campamento, dejé a mis tres bebés cachorros y mi hijo. No tuve contacto con mi hijo desde que mi primer abogado designado le dijo que se olvidara de mí y que nunca más me volviera a hablar (y que estaba asustado y escucho).

Me enfermé tanto. Tuve que caminar cuatro millas para llegar a la parada de autobús. Hacía calor y humedad. No pensé que iba a lograrlo. Me detuve en la nueva Iglesia Cristiana y pedí que me llevaran a Walmart para que pudiera obtener mi medicamento para la presión arterial alta. Esta linda dama, el gerente me ignoró, le expliqué lo que acaba de descubrir, y estaba enfermo, Walmart estaba a unos cuatro kilómetros de distancia. La mujer a cargo de la iglesia me dijo. "Siéntate dentro, y cuando el servicio termine, podremos llevarte, no ahora".

"¿Vas a salvarme? Me gradúe como predicadora. "

"No! Voy a tener un ataque al corazón, el servicio no comenzará en cuarenta y cinco minutos, y no terminará en tres horas, por favor, ¡ayúdenme!"

Salí de nuevo sin la ayuda de nuestros cristianos. Tuve que seguir caminando, y alguien me vio y me llevó, justo a tiempo. ¡Alabado sea Dios!

Recibí mi medicina y volví a la Casa de Medio Camino. Descubrí que el presidente de Casa de Medio Camino, la mujer negra, era la que no me dejaba tomar una bolsa de dulces mientras los demás tenían comida en sus casilleros. Entonces ella tenía su oficina llena de grandes bañeras de caramelos. Ella fue informada de que me permitieron ver mi casa y estaba furiosa. Ella me llamó a su oficina".

El consejero ¡Me lo permitió!" Dije,

Ella informó a mi oficial de libertad condicional, en este momento el oficial de libertad condicional aún no tiene dicho, su tiempo para supervisarme no ha comenzado hasta que termine mi tiempo, pero de nuevo (las reglas se inventan a medida que avanzan).

Ella me advirtió

"¡No vayas allí!"

"¿Por qué? ¡Es mi casa, y pagué!"

Más tarde, presenté una demanda para recuperar mi casa, y eso fue un: no, no como entonces me enteré en la corte.

Salí al día siguiente a la oficina de el FBI y el agente que testifica que solicité la bancarrota y luego solicité que se cerrara porque no quería seguir adelante

"Lo que no es un delito". Nuevamente, el delito es cuando dos personas están relacionadas y una sufre una pérdida.

Nadie tuvo daños. Él comenzó a acusarme

"¡Oh, dime lo que hiciste! Dime, dime,"

"NO, solo vine por mis pertenencias",

Que me dio una caja, saqué mi iPhone y mi bolso. Mis documentos faltaban, mis tres mil quinientos en efectivo no estaban allí, mi ropa y otras cosas.

"¿Dónde están mis otras cosas, y por qué las tienes, ya que no autoricé que me esculcaran ni que tomaran el automóvil, MIS DERECHOS COMO CIUDADANO!" Me volví y le pregunté

"Entonces, el FBI puede hacer lo que quiera contra la ley, ¿y robar mis pertenencias?"

"Oh, no sabía, que lo hicieron, voy a presentar un informe y una solicitud para recuperarlos." Él dijo.

Bueno, esta solicitud y el informe no fueron a ninguna parte, sino para trampas y me envíaton de vuelta a la cárcel, como lo describiré a continuación: Llegué a la casa de medio camino, me acusaron de robarle a esta sonriente mujer negra cien dólares,

"Nunca robé cien dólares. ¡Ella acaba de entrar! Además, ¡tampoco he estado aquí todo el día! Acabas de llegar, y no he tomado nada."

"NO, tú lo hicisté",

Luego se metió en mi cama y comenzó a empujarme e intentó golpearme,

"Corrí fuera de la habitación".

Ella fue al frente y me acusó de robar Cien dólares, Mentiras, y ella acaba de entrar.

"Dile que lo hizo, pues las hermanas (negras) necesitamos permanecer juntas." Empezó a decirles a los guardias.

El conteo empezo, e ignoraron sus reclamaciones.

¡Bien! Luego pudimos salir de la habitación, y esta "Smily (mujer sonriente de apodo)" mas bien parecía un orangután, estaba junto con la otra mujer blanca hablando. Empezaron a mostrarles a los oficiales el teléfono que me prestó durante dos días.

No tenía nada allí, así que no presté atención. Al día siguiente por la mañana para poder salir, encontré a esta señora hablando nuevamente con los oficiales de al frente. La oigo decir

"Niegale la salida".

Cogió el dedo índice derecho y se frotó la parte superior de la mano izquierda frotando de un lado al otro, (eran hermanas negras) nuevamente pidiendo a la oficial de veinte años y al otro hombre, que debido a que eran negros, tenían que permanecer juntos.

Entonces escucho a la gente preguntando

'¿Por qué disparan?'.

¡Bien por esta actitud!

Me puse de pie junto a ella y le pregunté
"¿Qué?".

Ella retrocedió y los oficiales respondieron:

"No tenemos poder para negarle que salga".

Entonces, me dieron el boleto de autobús diario y me fui para tomar el autobús. Si supiera lo que iban a hacerme más tarde, el presidente de Dismas Casa de Medio Camino, debería haber huido y nunca regresar, ¡de todas formas soy castigada por no haber cometido ningún delito!

NO PUEDES CONFIAR EN NINGÚN SER HUMANO, PERO

CONFÍA EN SIEMPRE A DIOS.

Cuando volví en la noche, me llamaron a la oficina, y el oficial me informó que la otra dama blanca recibió una llamada de la policía que decía que había robado un I-phone.

"¿Qué? El único que tengo es el que elegí del FBI, y tú lo sabes."
Una vez más,

Escucho a esta gente preguntando

'¿Por qué están disparando?"

"¡Bueno, debido a esta actitud!"

No, ella tiene un mensaje en le telefono que dice que te estaban buscando porque te robaste un iPhone,"

"No, no puede ser. Por favor, dame su nombre y número de teléfono."

El número fue bloqueado, y nombra a un oficial ***. Busqué el número de teléfono de la policía y, usando el teléfono de Casa de Medio Camino, traté de hablar con este oficial. El departamento de policía no tenía idea de ningún oficial con ese nombre. Llamé a cada estación de policía, y nadie lo conocía. Esta dama negra hizo la llamada y el presidente de Casa de Medio Camino le creyo a ellas "porque ella era negra".

Desde entonces,

"Perdí mi tiempo para salir hasta nuevo aviso", dijo.

"¿Por qué?", Le pregunté

"¡No hay policía con ese nombre!"

Buscaron en mi casillero, y por supuesto, no encontraron nada, tenían mi iPhone en la oficina para ser enviado a mi familia ya que no podía tenerlo. Incluso todos los negros, hombres y mujeres tenían un teléfono inteligente que estaba prohibido, pero estaba bien. Al día siguiente, una oficial lesbiana entró corriendo a mi habitación y comenzó a buscar en mi casillero por tercera vez y arrojó todas mis cosas al suelo. Ella estaba enojada conmigo porque no me gustaba que me mirara mientras estaba en el baño en la prueba de drogas, ella se quedaba allí mirando el espejo colocado en la parte de atrás de la pared, mientras ella se paraba allí. Debes dar una pruba de orina, te hacen orinar para la prueba de drogas. Esta prueba se supone que es cada dos meses. Estuve allí por tres semanas, y ya había tomado esa prueba cuatro veces. Además, cuando regresamos del exterior, nos registraron frente a las cámaras y frente a todos los hombres. Esta oficial lesbiana negra nos habría agrupado, nos tocaría horriblemente y nos habría pedido que tomásemos las correas de los sujetadores, nos agacháramos y sacáramosla delante de las cámaras, que ella podría reproducir durante toda la noche y hacer lo que le agradara.

Ninguna lesbiana debería estar a cargo de la mujer.

Mientras ella sigue buscando en mi casillero, ¡ella encontró el cargador de mi iPhone y lo tomó y se fue! Le dije que está en mi iPhone que ustedes tienen en la parte posterior.

"¡No, te atrapé!", Dijo ella,

"¿En serio? El FBI me devolvió y tengo los documentos."

Bueno, al día siguiente me aprobaron para salir, y el oficial de lesbianas aún estaba allí. Ella me detuvo y me dijo que volviera a mi habitación, y se sentía mal por esto, pero me voy a vengar. Quería volver a encarcelarme porque no quería salir con ella. Tres horas después, me llamaron a la oficina, y dos policías me agarraron y me llevaron a la cárcel. Ni siquiera me dijeron el nombre de la cárcel ni dónde estaba ubicada.

"No robé nada, y ese oficial ni siquiera existió ¿Por qué estás haciendo esto?"

Le pregunté al presidente de Casa de Medio Camino, y ella simplemente me dio un papel para firmar. (A medio camino de ir a tu casa, pero ¿qué casa si te robaron? Termina sin hogar en su propio país)

"No, no firmo".

"Ella respondió que usted tiene una orden de arresto, por lo que regresará".

Pensé que me enviarían a prisión, pero esto no era lo peor que yo podría haber imaginado.

"¿No esperes, déjame verlo?"

¡El oficial de policía de dos metros y medio, y yo un metro ochenta de estatura, me agarró y me grito callaté y vavomos criminal!

¡¡¡Secuestrada de nuevo!!!

"¡Solo, Porque Pueden!"

Nunca me mostró la orden de detencion. Me colocó en el asiento trasero de un Dodge y condujo durante una hora a gran velocidad, y este agente de policía estaba poniendo mi vida en peligro. No podía contarle a nadie, y ni siquiera podía saber a dónde me llevaba. Me llevó a una pequeña cárcel, y me dijeron que iba a estar allí dos semanas hasta que investigaran, y que vendrían a verme. Si no tiene una orden judicial, estara de regreso.

Pasaron dos semanas, en esas dos semanas me pusieron en aislamiento, no pude hacer ninguna llamada telefónica porque se llevaron mi dinero. Un día fuera de aislamiento después de unas cuatro semanas, entraron en nuestra celda, y nos sacaron, nos pusieron en una fila y comenzaron a buscar con sus perros, trajeron a diez oficiales, y esta oficial me hizo señas y, ella comenzó a buscarme. Ella fue muy ruda, me agrupó, me tocó duramente durante unos diez minutos, contra la pared y con el perro a mi lado, ella me dio vuelta contra la pared.

¡En serio! Que...! Todos las demás solo miraron preguntando, "¿Qué mierda?".

El oficial los escuchó, y finalmente ella se detuvo y nos dejaron regresar. Supongo que estaban buscando el iPhone, sí, ¿probablemente lo puse en mis partes privadas? ¡IDIOTAS! ¿Entonces que puedes hacer? Simplemente hacen lo que quieren.

"¡Solo, Porque Pueden!"

MUCHOS DERECHOS HUMANOS ABUSAN "¡Los Demócratas deben CAMIAR! ¿Por qué digo esto? ¡Porque cada vez que los Demócratas están en el poder recibo este trato, y cuando pierden, salimos adelante, los ciudadanos estadounidenses! ¿Después de que están fuera del poder Hmm? ¿Por qué Shummer está en contra de su propia gente? Me refiero a los ciudadanos de E. U. Y los judíos, pero él dice que es judío.

Así que, todos los negros, usted y su padre no han sido esclavos, y si no fuera por sus tribus vendiéndoles a los blancos, no estarían aqui sino en África, así que cuenten sus bendiciones, detengan el Quejeo y actúen como ciudadanos de los E. U., comenzando por hablar inglés real.

Llene diez o más solicitudes al sheriff para buscar para ver si tenía una orden de arresto. El sheriff tiene acceso para ver si tiene alguna orden pequeña en cualquier parte del país.

"No, No Hay Garantías".

La respuesta siempre del Sheriff fue una respuesta escrita de ellos. Entonces, estoy pagando por algo que no existe, y el BOP BUREAU OF PRISONER'S, quienes fueron los responsables de protegerme y ayudarnos a tener éxito, tampoco respondió. Simplemente me dejó

"Perdida en el Sistema".

Llamé todos los días, dos o más veces al día desde la cárcel a la Casa de Medio Camino, no tenía dinero y no aceptan mis llamadas ni responden a mis cartas. Mientras tiene la oportunidad de decir su nombre en la llamada de cobro, me apresuré a decir muy rápido en lugar de solo mi nombre, le pregunté agregando

"¿Por qué sigo aquí? No hay orden de arresto".

(Nota: ahora cambiaron el sistema, y ya no puedes hacer eso)

Debería haberme quedado en la prisión porque aqui era un infierno, cada vez que ellos se hacían mal, el trato era peor cuando me trasladaban de un lugar a otro.

Entonces, ¿esta es la forma en que te presentan de nuevo a la sociedad?

"La Ley De Una Segunda Oportunidad"

Un mes después, dos de los oficiales de Casa de Medio Camino vinieron a hacer su informe.

"¿Por qué estoy aquí?". Bien, le pregunté

"Ese oficial de policía ni siquiera existe, y no hay ordenes de aresto, entonces, ¿por qué estoy aquí? Vea este papel, NO HAY ORDENES DE ARRESTO."

Me miraron sorprendidos, se levantaron y se fueron. a mí sin decir nada.

Eso fue todo. No me dejaron ir. Le escribí al alto oficial de la Oficina Federal a cargo de nosotros cuando aún estamos en la Casa de Medio Camino, y él vino a verme, le mostré que el lugar estaba sucio y las mesas y las camas estaban llenas de metales oxidados.

"Dijo que YO tenía una orden judicial."

"No, yo no." ¡Incluso si tuviera una, este no es lugar para un humano o animal para ese caso!

El sheriff y un oficial estaban presentes allí, de pie junto a él, ver que han buscado, y no hay orden judicial.

"¿Verdad?" Mirándolos y preguntándoselos.

"NO, ya hemos buscado en todas partes, y no hay órdenes de arresto pendientes", le aseguró el sheriff." Se vuelven hacia él, y dijeron.

Luego se enojó y me ordenó (gritando) y me dijo que volviera a la habitación, y me dejó allí todo el tiempo que supuse que me estaba preparando para poder regresar a la sociedad como mis derechos.

Querían estar seguros de que no podía responder ante los tribunales y recuperar mi Casa.

Formulé una demanda ante el Tribunal Federal contra ellos y el BOP

BUREAU OF PRISONER'S por abuso, falsas acusaciones y denegación de

mi derecho a la "Ley de Segunda Oportunidad", el derecho a una Casa de

Mitad de Camino.

¡Descartada!

18

Cárcel Y No Casa De Medio Camino

Cárcel Y No Casa De Medio Camino

House Hace dos días, me encontré soñando. Bien podría llamarlo Pesadillas. Hoy tuvimos una búsqueda. Buscaron porque todavía están buscando si algo que les estoy ocultando puede acusarme ya que no tenían nada sobre mí.

Estoy destruida, mi corazón está herido, nadie responde a mis llamadas, ni siquiera mi familia y todos me colgaron.

Mi mamá le dio el teléfono a uno de mis "hermanos", me gritaba obscenidades, me llamaba y me decía que > > >

Este guardia buscó en cada puntada de mi tela, y lo llamaré Violación, mientras que otros se quedaron allí. Ella forzó sus dedos a través de mi tela dentro de mí. No me darán mis papeles ni mis números de teléfono. Me mantienen sin comunicación y con otro nombre. Estoy perdida en el sistema y no tengo abogado. No tengo idea de qué hacer ahora, y mi familia me colgó. (HWH Jail, 2014, p.1)

Mientras estaba allí en esa cárcel, había una mujer negra de cuatro pies con síndrome de Napoleón, a quien se le acusó de obligar a su novio a matar a su exnovia que estaba embarazada. Ella compró la pala para hacer un agujero en la parte posterior de la casa al lado de un árbol. Ella estaba mandando a todas. Ella dividió la habitación en negros y desagradables contra los blancos. Ella podía hacer lo que quisiera porque todos temían esta actitud negra de Napoleón. Estoy segura depues de la forma en que ella se comporta aquí. Esta mujer seguramente pudo controlar a su novio y lo engañó para que hiciera algo terrible. Eso es lo creo ¡Solo lo digo como es! Es un país libre, y puedo hacerlo. Los oficiales nuevamente la excusan porque ella cometió un gran crimen y ella iba a estar allí por un largo tiempo. Nuevamente,

"¿Por qué están disparando?' Entonces escucho a la gente preguntar Bien, ¡por

esta actitud!"

Me enfermé, al saber que, en vez de encontrar un trabajo en mi Casa de Mitad de Camino, me enviaron a este agujero de cárcel en el medio de la nada. Estaba mejor en "Prisión Federal".

La cárcel me envió al frente del edificio a una pequeña habitación con ventanas cerradas. No tenía nada que ver, nada que hacer, ni teléfono, ni siquiera una ducha, y la luz encendida las veinticuatro horas. ¡¡¡QUÉ ES LO QUE ES EL HECK PARA HACER QUE LAS PERSONAS SE ENOJEN O COMENZAR A USAR DROGAS!!!

"Debería haber sido ilegal, vininen y demandan derechos mientras invaden nuestro país, ¡y son liberados y sin cargos criminales!"

Quiero renunciar a mi Ciudadanía, porque este trato es inhumano. Le pedi al

juez:

Esto es crueldad para nuestros ciudadanos de E. U., Y la enmienda ocho dicn:

Enmienda 8
No se exigirá una multa excesiva, ni se impondrán multas excesivas ni castigos crueles e inusuales.

Todo lo que me hacen es obligarme a declararme culpable. Nunca tuve la oportunidad de un debido proceso, y todas mis solicitudes fueron calificadas como "frívolas", mientras que sus afirmaciones absurdas - de información o lo que llamamos un RUMOR. Este fue un castigo cruel e inusual infligido sobre mí. Las mismas personas que te dicen que no son de la corte y te amenazan con forzarte a una Declaracion de Culpabilidad son las mismas que están presentes en el tribunal y te preguntan:

"¿Alguien te obligó a Declararte Culpable?"

REALMENTE me gustaria decir

"SÍ, TU LO HICISTE". y luego, ¿qué?"

Recibo un sobre grande, amarillo, diciendo que tenía que estar en la corte para hablar sobre mi casa, o que iban a ganar.

"¡Por Defecto!"

La cárcel se suponía que me llevaría a la corte cada vez que tenía una, ¡simplemente lo ignoran!

Una vez más recibí todas estas demandas mientras estaba prisionera y se aseguraron de que estuviera en una especie de solitario. Entonces no había forma de que respondiera de ninguna manera. ¡Entonces, no! No hay forma de responder o de estar presente en la audiencia de la corte. Ganaron por defecto / descartaron por

"No persiguieron el reclamo"

algo que ni siquiera era un caso porque les pagué de acuerdo con la Ley de los Estados Unidos y la Ley del Código Universal. Parece que he experimentado como el juez me dijo:

"La ley no es nada en el tribunal porque el juez es quien hace la ley a medida que van."

Entonces, ¿por qué está el Congreso allí? ¿Por qué estaba esto en la corte de todos modos? ¿Por qué cada vez que tenía que responder algunos juicios ante mí, estaba en solitario todo el tiempo?

Todos se biene encima. Pierdes todo al momento en que te ven abajo. Tengo tantas demandas en este momento; sin embargo, nunca tuve uno antes. Lo peor es que todo su arduo trabajo de su toda su larga vida es quitado de usted en un instante y transferido a algunos ilegales. Pueden robarte

"¡Solo, Porque Pueden!"

¡Debo decir Les Misérables! No puedes hacer nada al respecto. Me pusieron en aislamiento cada vez que algo así vino. No pude responder ni llamar a alguien por ayuda, y ahí está,

¡Todos ganaron por DEFAULT! –

Despedido por demanda no perseguida

Después de esto, y ya era tarde para responder.

Me llevaron al cuarto con todos los demás. Medical me colocó en la litera superior sabiendo que me había operado la pierna y yo era el mayor de la cápsula.

"No", dijo la enfermera en voz alta. "Vas arriba",

Así que ella puso a una joven sana en la litera inferior. ¿Por qué era tratada de esta manera?

"No tenemos espacio para ti, y ni siquiera sabemos por qué te tienen aquí. No eres un criminal, y tenemos que tratarte de manera horrible, así para que no regreses, todos los demás siempre entran y salen". Dijeron:

"¡Basta! Mira a los animales, cómo Dios se colocó entonces su amor. Tiernas, amorosas criaturas. Por favor, detén el favor. No estoy aquí por mi propia cuenta. ¡Entonces, por favor!

Por otro lado, yo soy una persona de la mañana, y todos ellos eran personas de la noche. Gritaban a todo pulmón. La mandóna solo se ríe en altavoz, una persona fiestera, así que cuando me levanto, ellas se vuelven a la cama. Paso ese tiempo mirando el pequeño televisor en la esquina superior de diez pies de altura. Gire el volumen al mínimo para que no se despertaran. La hora de la cena es hora de despertarse, y comienza a gritar, correr, subir y bajar las escaleras de metal y poner el volumen del televisor al MAX. Sin importarle quién estaba durmiendo por la noche o si necesitamos dormir un poco.

Un día, uno de ellos vino a mi litera y me dijo que quería hablar conmigo.

OK, bueno, estaban jugando atrevidamente, y desde que pude ver el televisor desde mi cama. Ella ponía papeles bloqueando la ventana, hambrienta de comenzar una pelea.

Otro día mientras estaba durmiendo, una mujer gorda vino y me tiró un pedo a la cara. Napoleon Complex enviaría a alguien más para robar la pequeña comida de la comisaría que tenía, mientras tenían dinero para pedir bolsas llenas de comida cada semana. El oficial lo ve a través de su ventana superior y cámaras, pero no haría nada para ayudar. Hasta que un día, un guardia vio todo tal como sucedía desde la ventana.

Esta Dama Negra se paró en la mesa para hablar en voz alta, mientras que el guardia simplemente le deja hacer lo que sea sin llamar su atención, pero se ríe de eso. Más tarde fueron encerradas en su habitación durante una semana.

O la gente pierde a toda la humanidad dentro de ese lugar, o son así en todas partes, y es por eso por lo que la sociedad nunca está en paz, ignoran a Dios como si fueran algo. Son creaciones, pero no una familia de Dios.

Dos días más tarde llegó una guardia lesbiana y pidieron ver al sheriff "un viernes". Todas fueron a ver al sheriff, y mintieron y dijeron un montón de cosas contra las dos de nosotros que eran los mayores que no tenían veinte años. Nos llamaron para empacar nuestras cosas, y nos metieron en el agujero, un edificio de dos pisos frío y oscuro, y sin televisión. Pasamos el fin de semana allí y nunca nos dijeron por qué. Me caí en ese lugar y me ignoraron. El guardia me dejó allí toda la noche cuando no pude moverme. Por la mañana vino otro guardia, el supervisor, y volví a pedir por los médicos, y finalmente, vinieron, cerraron la puerta y me dijeron que me quedara en la cama allí, ¡Genial!

¿Solicitamos hablar con el Sheriff porque no teníamos idea de por qué? La guardia lesbiana blanca (otra), que sabía todo esto, guardó silencio y no nos dijo ni dijo que lo que dijeron contra nosotros, todo era una mentira, y ellas fueron las que hicieron las cosas mal.

Finalmente, el Sheriff nos llamó, y le preguntamos

"¿Por qué? Si fueron castigadas, ¿por todo lo que han hecho, después de todas las cosas malas que nos han hecho? ¿Por qué fuimos nosotros los que fuimos enviados a ese lugar horrible? "

"Oops, hemos castigado a las equivocadas". ¿Se miran y dicen?

"¿Oops?" Entonces ¿el trato cruel que experimentamos, que?

Volvimos, y cuando nos vieron, se dijeron en voz alta.

"Oh, nos prometieron que no volveríamos a verla".

"Todas ustedes hicieron mal, y si hay más problemas, todas se irán al hoyo". El guardia dijo:

"Finalmente, detuvieron todo ese acoso". Una vez más,

"¿Por qué están disparando?".

Entonces escucho a la gente preguntando

¡Bien por esta actitud!

Estuve allí por dos meses más. Mi biblia fue llena con jugo mientras que la leía por una joven negra, solo porque no me agradaste, dijo la niña de veinte años. Además, mis pocos alimentos de la comisaría fueron robados, en otra ocasión, esta vieja mujer negra y fea (¡que seguía descubriendo sus tetas hasta el suelo!) Agarró mis lentes con sus manos, rasguñandome la cara me quitó los lentes de la cara mientras que leía la Biblia y me dejó una marca significativa. No quería decir nada, pero otro guardia la vio y dijo:

"Debo hacer un informe".

"Por favor, no, o me pondran en el hoyo y no a ella". Le suplico al guardia:

"Oh, sí. no, ella es la única que va al agujero ", me aseguró.

"Yo vi lo que ella hizo". Continuó.

Luego regresó y me llamó para empacar mis cosas.

"¡EN SERIO! "Dije

"Lo siento", la guardia dijo

"¡Oh, no, ella es la que está castigada, no está bien!" Todos dijeron:

Bueno, me pusieron en el lado de; médico, estaba en una habitación pequeña, una gran ventana con persianas cerradas en el exterior, todas blancas y la luz encendida todo el tiempo, fui castigada una y otra vez después este tiempo, por nada, repetidamente.

"Bueno, tenemos que ponerla allí para su seguridad", dijo el sheriff.

¡No más la supervisora negra defiende a su gente negra, y eso es discriminación!

La Casa de Medio Camino y la Oficina Federal de prisión ignoraron mis peticiones. ¿Por qué me enviarían a la Casa de Medio Camino y luego me meterían en la cárcel solo porque no soy negra y no consumo drogas? Corte tras Corte todo lo que escuché y más tarde también afuera,

"Bueno, tienes acento, entonces no puedes ser ciudadano".

Mientras que ahora en otros países les enseñan inglés a sus hijos en sus países, cuando vienen ilegalmente no tienen acento, y yo soy la que tiene el acento. Entonces, debes ser culpable, todos dicen.

Durante este tiempo, estuve en el cuarto de medico durante un mes. Sin embargo, pude ver a los que me molestaban irse a su próximo destino. Algunos engordaron demasiado de toda la comida que compraron y comieron, y durmieron. Esta era su vida allí. Su ropa en la que entraron cuando fueron arrestadas ni siquiera cabía en una pierna. Estas dos mujeres tenían tanto miedo de ir a la Prisión Estatal que las vi temblar. Vi lo que reciben y lo que les llega. Dios cuida a su gente.

En un día diferente, me despertó el sonido de una persona arrastrando cadenas con una voz fantasma. Me puse de pie para ver qué era eso, y vi el complejo de Napoleón partiendo hacia las calles. Mientras en su hombro y alma llevaba las cadenas de su culpa. Libre en la carne, pero no en su espíritu.

Se fueron, una mas que se quedo. La única vieja negra desagradable que dijo que iba a contratarme para ser su sirviente. ¡Ja! ni siquiera tienes escuela secundaria, y eres un Marihuana. La razón por la que tuvo una sobredosis de drogas y un ataque al corazón, por lo que cada vez que ella hubiera sido castigada y puesta en aislamiento, fui la enviada allí porque la cárcel no querría arriesgarse a que sufriera un ataque al corazón allí.

"¡No veo lo correcto en eso!"

¿Quién crees que eres? ¿Solo porque tengo acento? Fui a la universidad, y estaba cerrada. No, realmente, tengo un título y una Maestria. Hablo varios idiomas, mientras que usted solo habla AMERICANO; bien afroamericano, porque ni siquiera puedes hablar inglés correctamente. Me enviaron de vuelta a la parte posterior de la carcel. Se suponía que hiba a estar allí durante dos semanas, y estas se convirtieron en tres meses después, ella todavía estaba allí cuando me fui.

He presente dos demandas ante el tribunal uno a la Prisión Federal, donde no me pagaron lo que tenía que recibir y lo hicieron parecer como lo hice. Otro en Casa de Medio Camino por encarcelarme y quitarme el derecho a la "Ley de Segunda Oportunidad" por discriminación ya que yo no era negra, y tener la oportunidad de encontrar un trabajo y prepararme para salir del sistema.

La Oficina de Prisioneros de BOP, por tenerme en la cárcel en lugar de mi derecho a una Casa de Mitad de Camino, y que estaba mejor en prisión que en esta pequeña cárcel sin ventanas, podrida y oxidada. Solo puedo rogar que salga durante media hora, para poder tumbarme en el suelo y poder ver el cielo, las aves libres y algunos aviones que pasan volando. Recordar la sensación de poder ir a lugares y ser realmente libre sin que alguien me siga todos mis pasos donde quiera que vaya. Las demandas dichas, es decir;

"Despedidas Como Frívolas,"

Incluso antes de que serví a la otra parte. ¿No estoy segura de que ni siquiera sepan que los demande ya que estos tampoco pasarían el escritorio del juez, negando mi derecho a servir y confrontar en la corte o al menos obtener una respuesta sobre por qué?

"¿Por qué?"

Cuando estaba casada, me maltrataron y acosaron a mi hijo, tuve que llamar a la policía como veinticuatro veces en dos años, pero cada vez lo dejaban dormir una noche y luego otra vez afuera sin cargos. Sin ayuda del "Los Fenomenales".

¿Por qué? ¡Porque tengo acento!

¿Por qué? Porque el policía negro dijo

"¡Él es el Hombre, y tú le das dinero!"

Mientras que muchos ilegales no tienen acento y se llaman Dreamers. Han estado aquí desde que nos quitaron nuestros derechos de nuestros hijos Ciudadanos, ya que les dieron las mejores clases, los no ciudadanos. Mientras que el ciudadano mi hijo fue borrado de la escuela para mantenerlo en silencio. Pues me quejé de por qué mi hijo vino a registrar sus clases, y todas las buenas ya fueron tomadas por "ilegales".

"No podemos pedir sus papeles" respondió la escuela. Bueno, cuando estuve en otros países, lo hicieron y nos hicieron pagar también. Entonces mi mi hijo fue borrado de la escuela un día, y tuve que ubicarlo a diez millas de distancia.

¿Por qué? MIENTRAS ME SUBIERON EN OTRO PAÍS, NUNCA NOS DIO EDUCACIÓN GRATUITA.

No necesitamos que los ciudadanos de E. U. Paguen por la escuela de ilegales. "Necesitamos más dinero para las escuelas que el Departamento de Educación llora todos los años."

¿Cuándo es suficiente?

Lo siento, de vuelta al proceso;

Estaba mejor en la prisión, que en esta cárcel. Nunca tuve una fecha de salida.

"Por favor, ayúdenme", le pregunté a algunos cristianos.

No tenía idea de dónde estaba y necesitaba un aventón. Solían ayudar a los "negros", mientras que en su iglesia todos eran blancos.

Iba a ser liberada a la medianoche. Me aseguraron que me ayudarían y me dieron un número de teléfono para llamarles. Intenté con ese número, y un contestador automático me contestó todo el tiempo.

Finalmente me dijeron que iba a ser liberada ese día a medianoche, por lo que debía avisar a alguien para que vinieran y me recogieran.

¿Dónde estaba? Ni siquiera estaba seguro del nombre de la ciudad y de lo lejos que estaba. Había otra mujer negra, destruida porque estaba allí, y lejos de su casa. Estaba tratando de ayudarla a bajar y le aseguré que todo iba a estar bien, la ayudé a entender el sistema, y unos cuarenta y cinco minutos antes de mi hora de irme, la llamaron para que se fuera.

"Vamos a pasar por tu casa. Te esperaré y te llevaré, ¡no te preocupes, mi familia te llevará! ". Ella vino y me dijo.

Bueno, debería haberlo sabido mejor, el corazón negro. Ni siquiera esperaron ni un segundo, el guardia me dijo, se marcharon tan rápido como pudieron.

"Si no puede encontrar a alguien que venga y la lleven, no dejaremos que la liberen". La cárcel me dijo que

"Oh, no", le contesté:"

"Oh, por fin", inventé algo rápidamente.

"Bueno, van a venir a buscarme a la gasolinera ".

"De acuerdo".

Me soltaron y llamaron a un sheriff para que me llevara a la gasolinera a tres edificios de distancia de la cárcel. ¡Buen viaje!

Me dejaron allí, y no sabía que hacer. Empecé a llamar a los cristianos que me dijeron que ese era el ministerio de su iglesia para ayudar a los que estaban en la cárcel y en necesidad. Sin respuesta, mi amiga no contestaba su teléfono, ya no tenía familia cerca. Empecé a caminar en la media noche. en la oscuridad, en el medio de la nada. Crucé el puente de la autopista hacia el otro lado. Vi un McDonald's y otras tiendas. Los carros de policía pasaban, y solo rezaba para que no les importara y pararan.

Un viejo vehículo siguió pasando, y me asusté, así que volví al otro lado. El siguió siguiéndome y finalmente, se detuvieron.

"Por favor, ayúdame". Estaba rezando a Dios.

No quería que me vieran o me lastimaran. Fue un hombre y su esposa, se detuvieron y me preguntaron

"¿Podemos ayudarla?"

"Gracias. Estoy bien." Dije.

"Bueno", dijo,

"Creo que acabas de salir de la cárcel y si la policía te ve, te llevarán de vuelta".

También me dijo que tenían una familia allí y me dijo su nombre. La conocía, y ella siempre fue amable conmigo. Ok, corrí los dados y subí al auto. Me ofrecieron llevarme a su casa, y me dijeron que toda su familia estaba allí viviendo en varias casas, así que estaba bien, y alguien me llevaría por la mañana a mi casa, así que ¡quédese la noche!

Hmm, no los conozco tan bien. Pedí por favor llevarme a la siguiente salida y me dejé en la estación de servicio. Entonces, lo hicieron. Le pregunté a tantos camioneros por favor Dame un paseo,

"Es ilegal dar un aventon. Oh, no," todos dijeron.

Entonces, no es como en las películas. Intenté por segunda vez llamar a mis amigos, no, ellos no contestaron. Salí de la tienda de gas y me senté al borde de la carretera. Le dije al empleado que mi automóvil se averió y mis amigos vendrán a buscarme.

"¿Qué estás haciendo aquí? ¿Necesitas ayuda?" Un oficial de policía se acercó y se detuvo, me preguntó.

"No, gracias. Mi auto se descompuso, y estoy esperando que mi amigo regrese a mi casa." Dije:

"Hmm", dijo,

"Creo que acabas de salir de la cárcel y no sabes dónde estás, y por eso, puedo llevarte de vuelta por tu seguridad, "¿qué hiciste?"

"¡Estuve allí porque tomé prestado un teléfono y me dijeron que había robado un teléfono roto!"

El policía se acercó al empleado y le dijo que estaba bien.

Seguí esperando por ayuda. Empecé a ayudar en el almacenamiento y la limpieza de la tienda:

"No se preocupe, por la mañana mi esposo vendrá a buscarme y le daremos un aventón". Ella finalmente dijo.

"Sí". Llegó la mañana y me llevaron a un Walmart en mi ciudad, y desde allí pude tomar el autobús de la ciudad e "informar a la de libertad condicional", o me devolverían a cárcel.

Solo le dan unas horas para que usted informe o lo pondrán de nuevo en la cárcel. Fui a la sinagoga y pude llamar a mi oficial de libertad condicional.

"Hola, esto es así y así, informando para la oficina de libertad condicional".

La oficial de libertad condicional finalmente contesto, tomó mi nombre y de una manera desagradable y grosera me pregunta

"¿Por qué me llamas?"

"¿¡Oh bien, porque acabo de salir de la cárcel y tenía que informar!? "(¡Menza!).

"Oh bien, ven a verme el miércoles."

"Ok, nos vemos, adiós."

¡Bueno, hablando de idiotas malos! Conocí a este oficial de libertad condicional en Casa de Medio Camino. Recordé cuando este tipo me dijo, oh, ten cuidado, ella piensa que ella es (la dama artesanal que estaba en la Prisión Fed, y su familia en Washington, por lo que es muy desminado y significa. A ella le gusta enviarte de vuelta a la prisión.

19

La Vivienda Para Personas Sin Hogar

La Vivienda Para Personas Sin Hogar

Tomaron mis casas cuando fueron *PAGADAS POR TODAS LAS LEYES* universales de UCC. No tenía un hogar, la casa pagada porque el juez llamó al banco y les dijo que lo tomaran de todos modos. ¿Cómo sé eso? Porque llamé al banco y eso fue lo que me dijeron.

¿A dónde debo ir? Duermo en algunos estacionamientos en la esquina. Seguí caminando, y estaba en la estación de autobuses. Mi Oficial de Libertad Condicional sabía, y llamó al tipo de seguridad negro y le dijo que llamara a la policía y me echara al frío.

Finalmente, en la mañana fui a la oficina de Bienestar y estuve en una entrevista con ayuda a los desamparados (¡quien iba a creerlo!). Me remitieron a un refugio (no hay otra opción) alguien escuchó y comenzó a decirme que

"Ese lugar estaba lleno de cucarachas, ratones y drogadictos".

Temía ir allí ahora. Duermo en un hermoso baño por tres días. Tenía que encontrar un lugar antes de ir a ver al oficial de libertad condicional. Pedí una referencia a otro refugio,

"No, este es el mejor lugar, no le creas a los demás, este es el refugio más seguro que hay", dijeron.

"Ok",

Los llamaron de nuevo, y acordaron llevarme. Este lugar me entrevistó en la calle, todos estos sin hogar afuera, hombres y mujeres. Me dieron para llenar tantos papeles, y luego me alimentaron.

Las reglas de ese lugar son que puedes quedarte allí por tres meses y encontrar un trabajo y un hogar, o tuve que irme. Tengo tres meses y ninguna extensión durante seis meses. ¡Sin presión!

Fui a mi cama, las habitaciones eran pequeñas, y tenían cinco camas en una habitación de tamaño regular. Entras y debes tomar una ducha, y ver un poco de televisión. El refugio le da un pequeño espacio en el refrigerador y un área para sus latas. Bueno, abres los cajones y las pequeñas cucarachas "tecuejos", de los que no te puedes deshacer, corrían por todas partes. Es difícil matarlos, corren rápido, y tan pequeños que, si uno se esconde en su ropa, entonces tendrá toneladas de ellos en su lugar, no podrá deshacerse de ellos, y había algunas personas de vertederos en la habitación.

Una era una persona negra ciega. Ella era extraña, y se estaba quedando allí para siempre. Bolsas y bolsas en la parte superior de su cama y debajo de su cama, ella usaba la misma ropa todos los días y no se bañaba ni lavaría su ropa. Como era obligatorio y obligatorio para todos los demás, pero eso estaba bien para ella, y el ama de llaves y los oficiales no dijeron nada.

Debes irte temprano en la mañana a las cinco de la mañana y no puedes ir hasta las cinco y media de la tarde para cenar. Un día entramos y esta señorita ciega negra, comenzó a decir que "nosotros" le habíamos robado la ropa. Como si estuviéramos buscando algunos viejos trapos usados. ¡De Verdad! Bueno, eso fue un motín, luego fue despedido, pero no después de una gran pelea allí.

Finalmente tuve que ir a ver a mi oficial de libertad condicional, y también tuve algunas entrevistas, y si no estás trabajando y no has vuelto a casa, el refugio a las cinco y media de la tarde, le darán su cama a otra persona. Entonces, fui a ver a mi oficial de libertad condicional; ella me dijo que estuviera allí a las siete de la mañana, que no habían abierto. Horas más tarde comenzaron, y me registré. Ella no estaba allí para sentarse y esperar. Tres horas después nada. Me dijeron que tenían que cerrar para el almuerzo, así que regresen. Regresé, y ya eran las tres y media de la tarde, uno de los agentes de libertad condicional previa al juicio que, cuando me vio, dijo:

"¡Guau, saliste tan pronto!".

¡Que verguenza! ¡Pensé gracias por tu ayuda! Como me ayudaste cuando me dijeron que tenía que estar en la corte en otro estado. Aunque ni siquiera lo sabías, y yo estaba, por supuesto, usando una pulsera de tobillo; ¡Gracias! ... Piensa que esto es rápido, ¿por qué no te encarcelaron también, ya que estabas a cargo y nunca me lo dijiste? ¡Acabo de pasar tres meses extra en la cárcel sin ninguna razón porque no soy negra! ¡Además de ser obligada a pedir perdón a algunos falsos RUMORES!

Bueno, él llegó a las tres y cuarenta y cinco, y me vio

"¿Todavía estás aquí?"

"Sí, ella me dijo que esperara, y debo caminar de regreso al refugio antes cinco, o me darán la cama."

Entró y salió.

"Ella está ocupada en la corte, (lo mencionaré más adelante) regresa, y le diré que estabas aquí esperando, y le dije que no pasa nada."

"¿Estás seguro?"

"¡Sí!", Cuando me volví hacia la recepcionista, ambos dijeron

"Está bien",

Me fui. Regresé al refugio. Comí mi comida y entré a tomar una ducha y me preparé para acostarme. Uno de los oficiales del refugio me llamó para que bajara a la oficina. Entré y me metieron el susto de mi vida. Mi agente de libertad condicional, una mujer alta y estable (no homosexual), estaba parada allí. ¡Oh no! Pensé. Ella habló,

"Te dije que me esperaras, y no me importa lo que los otros oficiales te dijeron. Cuando digo algo, por lo tanto, debes obedecer ".

"De acuerdo, pero estuve allí a tiempo y esperé todo el día, y tuve que llegar a tiempo ".

"Lo sé, te perdonaré hoy, pero ahora sabes que solo yo tuve el derecho a decirte lo que tienes que hacer, ahora vete."

OK, bueno, tengo el peor oficial de libertad condicional que tenían, y ella no lo dejaría pasar. Tres meses pasaron dentro de allí. Ofrecí mudarme con otra persona sin hogar y obtener una habitación (sí, claro).

Encontré gente que vendría como un vagabundo a tiempo para comer, simplemente informándose de las nuevas personas para que puedan chismear y recibir el pago de la policía mientras los colocaba nuevamente en la cárcel.

Lo que es un sistema, hablando de no dejarlo ir después de que lo atrapen una vez y no le permita levantarse nuevamente.

"Reincidencia" más mientras lo instalamos nuevamente.

Esas personas intentan pasar sin hogar. Los vi más tarde en la biblioteca yendo a través de montones de órdenes y fotos policiales. Este era su asunto, devolver a la gente a la cárcel y obtener el dinero, sin importar a qué van los demás, ya sea que esté bien o mal. Estas personas abusan de la vida de otras personas y los están reprimiendo, por lo que pueden estar activos ya cambio de una compensación monetaria.

Otros residentes, fueron directamente a tener sexo con quien sea, peor que los animales no pueden refrenarse y abstenerse. No, necesitan sexo, sexo, sexo,

"No nos importa", Dijeron.

A quién le importan los demás, dónde están o dónde han estado. Otra es volver a las drogas sin importar que estuvieran en libertad condicional.

Una persona, curiosa, parecía razonable. Sin embargo, ella me invitó a conseguir ropa de entrevista y compartir su lugar de almacenamiento porque no puede dejar la cosa en el refugio. Debes llevar todo, solo la comida en la cocina puede permanecer allí. Obtuve mis cupones de alimentos y fui y compré algunos alimentos orgánicos. Más tarde descubrí que el loco ama de llaves tomó toda mi comida y la tiró. ¡Por supuesto, los gerentes del refugio no hicieron nada!

Bueno, después de que obtuve la ropa de trabajo y conduje hasta su lugar en su scooter. Ella demostro su negocio. Parece que ella conseguiría toda esta ropa, nos engaña realidad y luego la vendía en consignación. Entonces, un día después de que ella me dijo que no podía regresar al almacén en cualquier momento y que ella les había dicho que no me dejaran entrar, no pensó que se pondría a enfermar. Ella comenzó a enfermarse. Ella dijo que tenía "epilepsia" y que su medicamento se había acabado, y nadie le daba más. Una mañana se despertó hablando locamente ¡Y EN FRANCÉS!

Llamamos a la ambulancia y a la mañana siguiente, muy temprano, caminé a las cinco de la mañana. Tomé el autobús, luego caminé un poco más, para verla en el hospital, ¡y ella estaba enojada!

Los médicos no le daban la medicina que quería, no la que necesitaba, sino la que ella quería. Pedí hablar con el médico, y el médico me explicó que la dosis no tenía nada que ver con las convulsiones y que todo lo que deseaba era que fuera un medicamento. Entonces, ella estaba saliendo de la droga. Bueno, esperamos la resolución, y le pedí un favor a ella también:

"Por favor, déjame usar su teléfono para que pueda llamar a casa". (¡Ayúdame a sentirme vivo!) Esos pocos minutos al día que siempre estuve esperando), no tenía dinero y por supuesto no había teléfono otra vez. Ella grita furiosa.

"No, no te dejaré, no me ayudaste a conseguir el medicamento".

Hmm. ¿Así que esto es lo que me pasa por preocuparme tanto por alguien más, mientras que nadie se ha preocupado por mí? Mientras que nadie me ha ayudado en este camino. Entonces la dejé y fui a buscar la ropa que ella tenía como rehén.

Los tres meses habían terminado. No tenía trabajo, y me iban a echar a la calle. Por supuesto, mi agente de libertad condicional me enviaría de vuelta a la cárcel. Oh, no, yo había ido a todos los lugares que es para pedir ayuda, "personas necesitadas", todas las puertas estaban cerradas, no se brindó ayuda, y todas respondieron:

"Bueno, solo ayudamos a locos y / y a los drogadictos". problema, o ilegal.

"¡REALMENTE! Entonces, te están diciendo que te vuelvas tonto, y hablarán, ¿mas el cargo inventado por drogas no me ayudo aquí? ¿No hay ayuda para una mujer limpia, decente y graduada, que está pasando por el peor y más horrible momento y sin ningún lugar adonde ir y ser capaz de pararse sobre mis propios pies y comenzar de nuevo?

Tenía que salir de allí. Me dijeron que llame a esta defensora para personas sin hogar por medio de una presa anterior que estaba en esa pequeña cárcel conmigo. No sabía quién era y cómo la conocía. La llame a ella y a su esposo, ¿qué otras opciones? Esta era mi última oportunidad de no regresar a la prisión por no tener hogar, y gracias a la Corte que tomó mi Casa con este propósito en mente. La pareja dijo que me ayudarían a conseguir un trabajo para ahorrar dinero y ponerme de pie. Nos pusimos de acuerdo, y qué otra posibilidad tenía. Estuvimos de acuerdo, y el oficial de libertad condicional fue a aprobar el lugar en esta loca mujer fumadora de chimenea.

Encontré un trabajo, por supuesto, no se nos paga hasta después de tres semanas porque una semana es de espera y la otra la guardan. Muchos de los vagabundos me veían en las calles y comenzaban a hablarme como si fuera su amiga. Esta señora vino y me dio muchas cosas. No las quería ni las necesitaba. Yo ofreci pagar la comida ya que eso era todo lo que tenía. Ella tomó mi dinero, más tarde después de una semana.

Cada día descubrí que faltaba algo de eso, algo que ella me dio. Simplemente ignoré, ya que solo quería seguir adelante.

Muy extraño. De nuevo, en este lugar, una señora que solía ver venir a la tienda para la que estaba trabajando en ese momento. Bueno, en este día mientras estaba trabajando, en el tiempo lento. Miré a mi alrededor para ver qué podía hacer. Comencé a traer los carros a la tienda cuando encontré un carro justo en el medio de la entrada, cerca de mi escritorio, con un bolso lleno de dinero (monedero lleno de dinero, 2014, p.3) Hmm, nuevamente solo cuando estuve acusado, encontré bolsas llenas de dinero. En otras ocasiones todo lo que veo es un centavo en el piso y ni siquiera un dólar en Lotto.

Lo llevé el bolso al gerente, "el propietario" vio la licencia de conducir y encontró a la mujer en la parte trasera de la tienda. Ella ni siquiera le agradeció, simplemente agarró el bolso, se alejó de la tienda, pero no sin antes mirarme con mala cara y se volvió loca. "Me pregunto, ¿fue esta otra trampa?" Entonces, ¿podrían llevarme de vuelta a Prison? "En una violación".

Empecé a llevar mis cosas de esta casa de la loca a un pequeño almacen porque esto no era correcto. Después de dos semanas, todo se había ido, y guardé lo básico. A medianoche entró en mi habitación y me llamó por mi nombre. Me quedé quieta, y ella tomó mi bolso y corrió al baño. Me levanté y esperé afuera.

"¿Que esta pasando? Entonces, ¿por qué vas por mi bolso, dame todas mis cosas? "

La mujer loca comenzó a gritar diciendo que me metí en su casa y ella estaba llamando a la policía. Eso era lo menos que quería, cuando estás en libertad condicional, el contacto con la policía te devolvería a la cárcel, y más con este agente de libertad condicional que tenía. Entonces, saqué mis cosas afuera, y llegó la policía. Los vecinos estaban peleando y huyendo, y lo que sea que estaban pasando, los policías se acercaron y me dejaron.

"Ella es una intrusa que entro a mi casa mientras dormían" ella dijo.

Las mentiras que la gente dice para obtener con su espíritu mezquino y su comportamiento criminal, y recuerdo lo que dirían los guardias en el campamento:

"Tú eres el idiota porque te atraparon, mientras que los verdaderos delincuentes están afuera".

Como no lo he visto repetidamente durante este proceso.

"Mírala, mira lo que está haciendo. (inventando cosas) Entonces, mírala a ella, no me mires a mi. Yo soy la más escandalosa, y la que hago mal ". (Parece" RESISTIR")

Entonces, ¡no!, le mostré mi teléfono donde me enviaba un mensaje de texto,

"¡Te extrañamos! ¿Cuándo vuelves a casa?"

"No. Tu vives aquí, y ella no puede echarte a las tres de la mañana, vuelve a entrar", dijo la policía.

Oh, seguro con está loca, volveré y lo haré.? No sé qué más me haría, ya que ella robó un montón de personal y se llevó todo el dinero de mi comida. Mentír a la policía, y estar de vuelta en la privacidad de su casa y ¿qué más? Solicité a la policía.

"Por favor, ayúdame a llegar a mi almacenamiento y seguir adelante."

Oh no, no podemos pasar una línea de la ciudad, vamos a dar un aventon hasta aquí".

"Está bien".

Los dos policías blancos me dejaron al final de la calle en el medio de la nada. No tenía teléfono, y eran las tres de la mañana.

"OH Dios, por favor, ayúdame, no sé dónde estoy".

Este lugar está oscuro, y sé que tiene un barrio malo donde me dejaron, y yo que siempre estuve en mi casa en mi vida a las siete en punto, y mírame lo que me están haciendo, me estoy cansando de este trato (BS Basura). Un oficial de policía pasaba y me vio, el oficial de policía abrió su ventana y se detuvo,

"¿Qué estás haciendo aquí?"

"Expliqué."

"Esos oficiales están llenos de BS. Escuché todo en la radio, es por eso que vino. Entra, yo te llevaré ", dijo,

Bendito sea Dios, es bueno. Oh si. Parece que el hombre es amable. Él me llevó a mi lugar de almacenamiento y me ayudó a poner mis cosas en su auto y fuera de su auto. Él también oró por mí. ¡Hablando de confiar en Dios todo el tiempo!

Estaba tratando de conseguir otro trabajo. El que yo tenía habían cerrado ese lugar, y ellos iban a abrir otro centro de la ciudad. Sin embargo, esto no estuvo listo durante mucho tiempo debido a los permisos de la ciudad. Entonces, decidí buscar otro trabajo a la vez. No pude obtener ayuda por desempleo o ayuda comunitaria tampoco. Yo estaba sóla. Yo acababa de alquilar un apartamento agradable por dentro, pero había gente atemorizante en todo el vecindario. Estaba trayendo mis cosas aquí, y recibí un par de cajas que envié desde Prison, de lo que estudié allí y mis documentos legales.

Este día tuve varias entrevistas, y fue el día del cumpleaños de Em Mundo. Fui a celebrar el "Año Nuevo judío". Cuando terminé, corrí al baño y tomé un cambio de ropa, me cambié y coloqué mi vestido en mi bolsa. (Todos sabían que siempre llevaba un cambio de ropa ya que no tenía auto y me llevó todo el día regresar de un lugar a otro en el autobús de la ciudad. Incluso a la loca). Me fui a esperar el City Bus, a llegar a las tres entrevistas. Una familia después de la celebración, me vieron esperando el autobús, y él me llevó a mi primera entrevista, así que esto me hizo llegar temprano y me revolvieron toda mi vida.

20

Acusada De Robarme Mi Vestido

Accusandome De Robarme Mi Vestido

So muchas veces, nos metemos en situaciones de emergencia, y la situación parece desesperada, es una trampa, Dios quiere que hagamos algo. El tiempo de Dios es a menudo un misterio para nosotros. No debemos tratar de organizar el tiempo dentro de nosotros.

"Esculcar"

"- No, yo no te doy permiso".

"ESPOSAR"

"- ¿Por qué? No tienes derecho."

"COOPERAR"

"- Déjame mostrarte mi prueba".

"No, no toques, te estoy robando y no puedes hacer nada al respecto", dijo la seguridad.

"CASTIGADO"

"- Hasta que lo deseemos".

No importa lo bajo que te pongan, no importa lo que se derrumbe a su alrededor, no importa quién lo rechace o lo calumnie: Dios puede alentarlo, él lo ayudará a través de su vida. Él te fortalecerá profundamente en tu corazón en un lugar que nadie puede alcanzar.

Luego, en el Año Nuevo judío (debería haber ido a la otra celebración). Conseguí un aventon a una entrevista, lo que arruinó toda mi vida. Entré en el mercado de comida natural donde tuve mi primera entrevista. Entré y compré mi comida de semanas. Tuve una reunión, me sentí bien al respecto. Tomé el autobús para las siguientes dos entrevistas, en el centro comercial. Salí del autobús, y sentí que alguien me estaba mirando o siguiendo, así que corrí al centro comercial, por supuesto llevando mi comida y mi cambio de ropa.

Mientras bajaba del autobús, sentí que alguien me estaba mirando. Miré a mi alrededor, pero en el mar de autos, no pude diferenciar. Fui al centro comercial a través de esta tienda, y vi que tenían el mismo vestido, pero mucho más caro. Vi un lindo traje, y vi un vestido como el que llevaba puesto en la mañana de la celebración, en el cual tenía fotos antes, pero este es un precio mucho más alto ... Tomé un par de pantalones, y fui al camerino. Iba a probar algo de ropa, pero vi la hora, y dejé todo, y estaba en camino a la siguiente entrevista.

"¿Por qué? Enfocate, estás aquí para conseguir un trabajo, no para comprar ".

Entonces, salí y ahora estaba camino a la entrevista. En el camino en el medio del interior del centro comercial. Una mujer gorda, con pantalones con un pliegue de fontanero, estaba siguiendome y con auriculares enganchados a su teléfono. No me gustaba esta dama, ella podría querer robarme. Me detuve y me giré cuando la desagradable mujer, con los pantalones bajados en el medio de la nalga, en el teléfono me estaba siguiendo y luego se detuvo frente a mí.

"Que..."

"No te muevas,"

Me agarró del brazo, y un tipo vino corriendo y me agarró del otro brazo, y me arrastraron desde el centro del centro comercial, dentro del grande almacen, hasta el segundo piso sin decirme qué estaba pasando.

Para acusarlo y tomar su libertad de esta manera debe ser ilegal.

Me pusieron en una habitación pequeña, y aquí sacaron todo de mi bolsa sin preguntar.

"¿Qué está pasando?" Me quejé y pregunté

"Cállate o te esposaré", dijo el tipo.

"Todavía pregunté qué?", Así que llamé a mi madre.

Fui abusada y secuestrada, y estaba insensible, ¿y ahora qué?

Me empujó al fondo de la habitación, me esposó y comenzó a revisar mis cosas. Vino otro tipo y trajo algo de ropa de su tienda, y los compararon a ambos y estaban buscando algo que se pareciera a lo que llevaba puesto en la mañana. Me quitó el teléfono. Trajo algunas que se parecían, con etiquetas, excepto los zapatos (y esos eran nuevos)

"Tu robaste esto" dijo

"No puedes hacer eso, eso es ilegal, tampoco puedes exculcar". Oye, ¿qué está pasando, ¿qué estás buscando en mi bolso? Entonces, ¿por qué estoy aquí? "Finalmente tuve la fuerza para cuestionarlos,

"¡Cállate!" Dijo y me empujó hacia el fondo de la habitación.

Llamaron a la seguridad del Mall y a la policía. Comenzaron a tomar mi foto sin mi permiso y haciendo preguntas estúpidas. Todavía esculco mi bolso y mi dinero y todo lo que tenía.

"¡No, no lo hice! Los tengo en mi bolso porque fui al Templo y están sucios ".

No, pero me robaron. Me robaron el reloj, el vestido, el suéter y toda mi comida orgánica (¿qué se las quité también a ellos?). Seguía preguntándole al oficial de policía (el Fino),

"Mire, tengo pruebas de que están mintiendo, solo trajeron esa ropa, la mía está sucia, ¡y tengo fotos puestas antes de este día!"

La risa del oficial fue grande, tomó toda mi comida, mi billetera, mis llaves, un paraguas y se los dio, al tipo.

Estaba yendo a través de mis cosas, búsqueda ilegal y decomiso. Este hombre contó mi dinero. Tomó la comida que acabo de comprar en la tienda de salud donde acabo de tener una entrevista. Él tomó mi comida, no mis zapatos, mi collar y mi paraguas. No dejaba de decirle que tenía fotos con ese vestido muchos días antes. Es mía. Intercambiaron esposas y se rieron de mi cara. Él envió a otro empleado a conseguir un vestido que se parecía al mío, y mi vestido no tenía etiquetas, ni precio, y especialmente "

"¡NO SENSOR! que testifica bajo juramento más tarde en el Tribunal Federal que el vestido tenía etiquetas y un sensor ".

La 4ª enmienda, mis Derechos Constitucionales volvieron a ignorar, y tienen la grabación dentro de la oficina. Seguí pidiéndole al oficial de policía que mirara las fotos en mi teléfono. El oficial de policía no me deja que se los enseñe. Me acusaron de robar mi ropa, la que llevaba puesta antes de estar allí, esa mañana, y que incluso tenía fotos mías vistiéndolas. Todos los derechos de mis ciudadanos (@USAGitizensRghts ") vuelven a tirar a la basura,

"¡No hay ninguno!" Él dijo
"Alguien nos dijo que estás robando".
Me metieron en una pequeña jaula, toda cerrada peor que un perro, y mientras conducía, este policía que ignoró mi inocencia estaba tratando de hacer una pequeña charla.

Bueno, de acuerdo con la Ley, la definición de crimen "por Google y Wikipedia

"Un Delito Es Cuando Alguien Sufre Una Pérdida,"

Entonces en este caso, yo era el que sufrí una pérdida. Perdí mi ropa, mi vestido, mi comida. Mi privacidad y mis derechos de Liberty.

¡No voy a hablar con usted ESTUPIDO!, Vez esto no solo le sucede a "gente negra, bueno, no creo que los traten tan mal como yo".

Estaba en la estación de policía. No pude hacer una llamada telefónica. Continuaron con su incongruencia. El guardia esculcó lo que me quedaba, y se lo llevaron.

"No puedes traer esto adentro de aqui."

"Estás poniendo todas mis cosas bajo llave."

"¡No!" Dijo el guardia.

¡Ella quiere robar mis cosas! Pensé, me atrevo a decirle esto a la policía. Pude salir con mil dólares de bono, y me dejaron en el medio de la nada a las tres de la madrugada. De hecho, aquí vamos de nuevo, la otra dama a la que estaba ayudando, ella tenía un aventón, pero me dijeron:

"Perdón, no te vamos a llevar".

Me dejaron allí, solo en el medio de la nada a las tres en el Mañana. Así es como funcionan; todo es de noche para que nadie pueda verlos. ¡Nunca supe nada de esto porque siempre estaba protegido en mi casa a esas horas de la noche! La compañía de fianzas vino a buscarme y me llevó a mi apartamento.

"¡Gran, gran error!"

Escribí al juez en una forma legal, y archivé mis fotos de mí siendo inocente. Recibí un mensaje de la loca diciendo:

"¡No sé cómo saliste, pero trabajaré para devolverte!"

Le mostré esto al oficial de Libertad Condicional.

"No sé por qué fuiste a quedarte con ella, y sabía que estaba loca". Ella dijo:

"Bueno, ¿tenía otra opción?", Le pregunté.

"¡No!"

"¡Es por eso!"

Después de eso, Estaba volviendo a mi departamento, y en una noche alguien estaba en mi puerta. No fui allí hasta que se fue, así que entré. Más tarde volvió a llamar y me dijo:

"No tenía más vínculos, y que iban a romper la puerta".

Abrí la puerta y pregunté

"¿Por qué? Teníamos todo en orden ".

"No, no me importa, después de todo, me pagaron", dijo.

No sabía que la compañía de Bonos puede acceder a su cuenta de cheques y tomar el dinero que desee en cualquier momento y luego enviarlo de regreso a la Cárcel. Hice un informe a la policía y al Banco sobre esto y todos me ignoraron. ¡Justicia real!

Traté de llamar a todos mis amigos y compañeros de trabajo en busca de ayuda. Por supuesto, todos negaron ayudarme. Estaba en la misma cárcel. No podía llamar a nadie más desde el interior, ¡NI A UN ABOGADO!

21

El Abogado En La Corte Menor

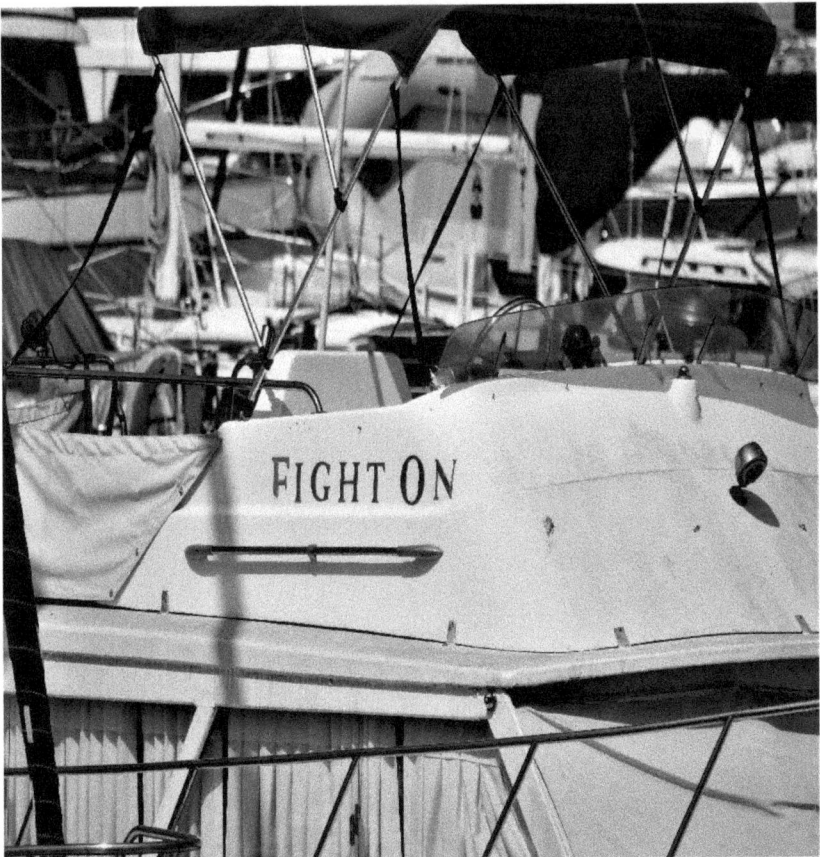

El Abogado En La Corte Menor

El tribunal nombró a un abogado del Estado, un pelirrojo, que a veces solía ver en un templo. Él entró como una persona cruel, sin mirarme, y diciendo:

"¡Eres culpable!"

"¡No!"

"¿Tienes algún otro cargo?"

"¡No!"

"¿Estás en libertad condicional?"

"Sí"

"¿Quién? es su oficial de libertad condicional, debe decirme, o va a ser muy malo para usted."

Como si supiera en qué tipo de libertad condicional estuve. Te aterrorizan con esta actitud de

No eres nada ahora, y puedo hacer lo que me da la gana porque estás en mis manos.

Yo entonces se lo dije. No supe mejor en ese momento.

Tal vez sea por eso por lo que a mucha gente le gusta ver esos programas de TV Law, por mi parte los odio. Tomó notas y se adelantó para decirme:

"Se declarará culpable, y su agente de libertad condicional estará presente. Adiós."

Cerró su carpeta y salió antes de decir nada, solo quería salir, y era inocente, y había enviado al tribunal una moción y la prueba de que era inocente. Lo peor es que los abogados hicieron 2,500.00 dólares por hacer esto? El día en la corte, fui así;

"Ella se declara culpable, y su agente de libertad condicional está presente", dijo.

Yo estaba como; ¡Oh no, no lo hiciste! El juez me preguntó si era correcto y le contesté:

"Señoría, tiene mi moción archivada y demuestra que soy inocente".

"Parece que es inocente". Miró y la Juez dijo, mirandome mientras se quitaba los lentes.

Bueno, mi abogado proporcionado por la corte cerró su carpeta, y corrió, literalmente, salió corriendo de la sala de justicia dejándome.

El juez solo me miró.

El sheriff me agarró y me tiró por la espalda,

"¡No!", Grité que no había terminado de hablar con el juez.

"Ya dijiste lo suficiente, vuelves a la cárcel". El guardia dijo.

Entonces, allí estaba yo estaba de regreso Cárcel y sin representación o la oportunidad de representarme a mí misma.

No hay manera de que seas inocente hasta que se demuestre lo contrario, que ya ni siquiera es una Broma. La justicia es que eres culpable, culpable, culpable, así que DEBES hacer una Petición de Culpable, o terminará siendo castigado diez veces más por ir a juicio, ¿por qué?

¡Solo, Porque Pueden!

Me senti impotente ante esta "JUSTICIA" y tuve que tratar con todos los presos. Especialmente una negra con una peluca, que parecía que iba a ir al cielo con su canto, pero su actitud y lo que hacía fuera de la cárcel eran muy oscuras, yo diría que eran negras. Encerrado por el mal y poco muy poco bueno. Parece que pierdo la memoria. No puedo entender su ignorancia y mucho menos sobre por qué estoy aquí.

¿Cuál es su excusa?

He obedecido sus "Leyes de Constitución". Incluso me han obligado a declararme culpable de lo que no soy o como me dijeron

"No veras la luz del día y no saldras de aqui".

Quiero salir. El juez no aceptará una Plea culpable que diga:

"Me parece que es inocente".

Esto es cuando "Mi abogado designado", "consejero", el abogado toma su carpeta, la cierra con fuerza y huye de la sala de justicia dejándome sin voz. Tenía que quedarme en la cárcel. Hacer tres veces más el tiempo que cualquier otra persona que haya violado la ley. Pagar inocente por culpable.

Un testigo falso me puso aquí.

La semana siguiente pasó, y no hay fecha en la corte. Aquí otra fiesta en la cárcel porque fue en Acción de Gracias, el Departamento de Justicia disfruta de encarcelarme en Navidad (Dec Holliday, 2014, p.1), tal vez porque no creen en Dios, como escribió el padre de los Estados Unidos

"EN DIOS CONFÍAMOS"

El abogado no aceptaba mis llamadas por cobrar o me escribiría de nuevo. Un mes y medio después fui a la corte. Me estaban dando otro abogado. Él vino y dijo:

"Oh, no, deberías haber salido después de una semana". (Dos meses después) La próxima semana saldrás, adiós."

"Gracias." Esperé el jueves y no hubo corte. Lo llamé, y él no aceptaría llamadas por cobrar. Le escribí y nunca obtuve una respuesta. Entonces, pasé las vacaciones dentro de la cárcel.

Perdida en un vacío. Esperando a ver cuándo algún día seré llamado para salir de todo esto. Ahora es un tiempo en el que me encontraré vacía. Sin alegría. Sin amigos. Ni siquiera tu familia.

¡Alégrate, dicen!

Regocíjate, ¿cómo?

A través de esta pequeña y larga tira de vidrio, me alegro de ver el cielo azul que parece muy, muy, muy lejano. Los aviones van todo el día. La gente en ellos está yendo a lugares, y estoy perdida aquí. Los autos se están moviendo veinticuatro y siete yendo y viniendo. La ignorancia de ellos para ayudar a los necesitados. Sin pensarlo siquiera.

Después de dos meses desde el día en que nos encontramos, el guardia llamó a mi nombre para prepararme para ir a la corte.

Se quedó parado allí,

"Te estás declarando culpable, recuerda que me escribiste".

"Sí, y eso fue un mes y medio después sin que me dejaran salir".

"Bueno, la Persecución dijo que se declarara culpable, y dejarán que te vallas".

"Pero no soy culpable; Tengo pruebas."

"De acuerdo, entonces se quedará aquí otros seis meses hasta la fecha de la corte".

"¿Qué? Culpable o espera en la cárcel por seis meses en la cárcel. ¡NO, eso no puede ser correcto, todos salen después de una semana! ¡Estuve aquí tres meses y medio!" (Tiempo en la cárcel 6, 2014, p.2)

¡NO TENGO NINGUNA OPCIÓN!

De nuevo, perderé todo, mi apartamento, y cosas por las que trabajé durante este tiempo o salgo.

"De acuerdo, culpable, reprimiré el tiempo de cárcel de treinta días". El juez dijo:

"Lo tiene fácil", dijo el sheriff;

"¿FÁCIL?", Le contesté:

"¿He pasado tres meses y medio por robar mi propio vestido?"

"REALMENTE,"

Él simplemente puso su rostro hacia abajo y se fue con la cabeza gacha, y avergonzado.

Entonces, estaba afuera (en la noche), para descubrir que sacaron todo de mi departamento UN DÍA antes.

Todo esto para que el gobierno tomara todas mis cosas con el pretexto de haber sido desalojadas después de solo cinco días de retraso en el pago de mi alquiler cuando me comuniqué con la oficina, y les dije que regresaría ese día y pagaría. Entonces se aseguraron de que hicieran todos los trámites e ilegalidades judiciales antes de ese día.

Un día antes, se robaron todo y me dejaron sin nada y en la calle. El día que estaba firmando mi contrato de arrendamiento, me enteré de que una mujer estuvo allí durante seis meses sin hacer ningún pago, y apenas iba a ser evacuada.

Llamé a este "amiga" que no me ayudaba, y cuando le dije que tenía una unidad de almacenamiento. Ella se enojó porque no podía decirle al FBI que también la agarraran. Mientras tanto, ella compró un auto despues de esta trampa. ¡Ella no era una amiga, sino una informante!

Amenazas Después De Las Trampas

¿Es esto en los Estados Unidos? Es mi país, mi familia ha estado aquí desde el año 1800 o antes, y mi papá fue enterrado con honores. Cuando escuché que alguien iba a ser desalojado después de SEIS meses, no cinco días. Por lo tanto, estaba fuera sin casa y las pocas cosas para las que trabajé en estos meses me fueron robadas. ¡Pensaban que estaba escondiendo cajas llenas de monedas de oro! Como el padre de mi examigo dijo que el tenía y que yo tenia también. ¡Sí! Si solo tuviera dinero.

¡Sobre esto! ¿Qué pasa si tengo cajas de monedas de oro? ¿Qué le importa al gobierno si ahorramos dinero de nuestro trabajo y lo mantenemos en oro o bonos? ¿Qué pasa después de una supuesta quiebra que no puede volver a ganar dinero? Es por eso por lo que la ley tiene la bancarota así que cuando estás endeudado y no puede mas seas ¡libre de esas deudas y comenzar todo de nuevo y prosperar!

Continué tratando de armar mi vida por la sexta vez. Estaba tomando el autobús. Cuando en el autobús vi a este tipo que estaba en la casa de medio camino. ¿Por qué encontrarías a alguien en el autobús que tiene carro y viene a decirte?

"Encontré este abogado que me ayudará".

Si bien ese era el abogado, que solicité al juez que tuviera como abogado, y el juez me negó ese abogado o cualquier otro por a proposito. Este hombre se sienta a mi lado y comienza a decirme:

"Sabes que tu agente de libertad condicional está enviando a todos a Prisión".

Después de lo que había pasado robando mi propio vestido. ¿No entiendo lo que está haciendo aquí?

"Tienes un coche ahora. ¿Qué estás haciendo tomando el autobús?" se puso pálido y dijo, y me gusta el autobús, y me encantó. Luego se adelanta para contarme acerca de otros en la Casa de Mitad de Camino que había regresado a la Prisión.

Me dijo que mi oficial de libertad condicional los estaba metiendo a todos en la cárcel, y que yo podría ser el próximo. ¿Por qué está él aquí en el autobús diciéndome eso? No entiendo el caso que acabo de pasar, y lo estaba apelando. Bueno, tenían otro pensamiento, el oficial de libertad condicional, estaba esperando la excusa correcta. Nunca volví a ver a ese tipo.

22

El Oficial De Libertad
Condicional

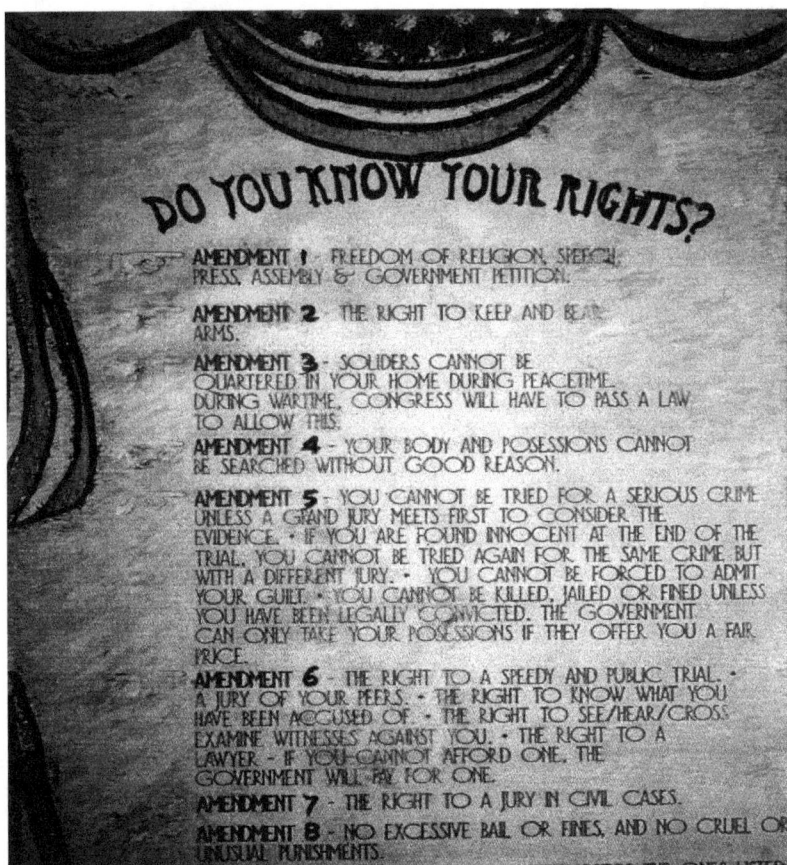

DO YOU KNOW YOUR RIGHTS?

AMENDMENT 1 FREEDOM OF RELIGION, SPEECH, PRESS, ASSEMBLY & GOVERNMENT PETITION.

AMENDMENT 2 THE RIGHT TO KEEP AND BEAR ARMS.

AMENDMENT 3 - SOLIDERS CANNOT BE QUARTERED IN YOUR HOME DURING PEACETIME. DURING WARTIME, CONGRESS WILL HAVE TO PASS A LAW TO ALLOW THIS.

AMENDMENT 4 - YOUR BODY AND POSESSIONS CANNOT BE SEARCHED WITHOUT GOOD REASON.

AMENDMENT 5 - YOU CANNOT BE TRIED FOR A SERIOUS CRIME UNLESS A GRAND JURY MEETS FIRST TO CONSIDER THE EVIDENCE. • IF YOU ARE FOUND INNOCENT AT THE END OF THE TRIAL, YOU CANNOT BE TRIED AGAIN FOR THE SAME CRIME BUT WITH A DIFFERENT JURY. • YOU CANNOT BE FORCED TO ADMIT YOUR GUILT. • YOU CANNOT BE KILLED, JAILED OR FINED UNLESS YOU HAVE BEEN LEGALLY CONVICTED. THE GOVERNMENT CAN ONLY TAKE YOUR POSESSIONS IF THEY OFFER YOU A FAIR PRICE.

AMENDMENT 6 - THE RIGHT TO A SPEEDY AND PUBLIC TRIAL. • A JURY OF YOUR PEERS • THE RIGHT TO KNOW WHAT YOU HAVE BEEN ACCUSED OF • THE RIGHT TO SEE/HEAR/CROSS EXAMINE WITNESSES AGAINST YOU. • THE RIGHT TO A LAWYER - IF YOU CANNOT AFFORD ONE, THE GOVERNMENT WILL PAY FOR ONE.

AMENDMENT 7 - THE RIGHT TO A JURY IN CIVIL CASES.

AMENDMENT 8 - NO EXCESSIVE BAIL OR FINES, AND NO CRUEL OR UNUSUAL PUNISHMENTS.

El Oficial De Libertad Condicional

*F*inalmente, salí de la cárcel y descubrí que fui desalojada de mi apartamento un día antes de que saliera. Todas mis cosas se habían robado. Pude encontrar un hotel por una semana durante las vacaciones, ayudado por un rabino. Pude alquilar una habitación muy bonita en un apartamento compartido. El oficial de Libertad Condicional fue a ver el espacio. Lo primero que dijo fue:

"Quiero hablar con tu compañera de habitación".

"¿Por qué?" (No había compañeros de habitación que hubieran alquilado las habitaciones en ese momento)

"Bueno, ¿saben de ti?"

"NO, y ellas no tienen que saber, la oficina lo sabe, y eso es todo. "

"Hmm. Voy a ir a la corte en esta fecha." Dije.

"¿Por qué? ¿Por qué?", ella preguntó,

" Bueno, ¿perdí todas mis cosas por solo cinco días tarde? Y además, las quiero de regreso."

"NO, eso está mal, no puedes hacer eso." Ella dijo

"Bueno, ya lo hize", tuve que hacerle saber. O le hago saber, o ella hace algo, o no se lo digo y luego me vuelvo a poner en prisión. Bueno, ella hizo algo. La oficial de libertad condicional no pudo haberme permitido ir a la corte, mientras que ellos fueron los que le dijeron al administrador del edificio que me sacara de mi apartamento después de cinco días de pagos atrasados. No un mes o seis como dice la ley, sino cinco días de retraso, para que lo hagan "legalmente" y ya que todas mis cosas las hiban a hechar a la calle. También me dejaron en la cárcel, así que eran libres de ir y tomar todas las cosas que querían.

A los oficiales les gusta eludir la ley, pero si encuentras una forma de evitar la ley, te persiguieron. Te oprimen incluso cuando la ley dice que puedes hacer esto.

Entonces, tres días después, un Mariscal entró a mi edificio sin permiso y quería entrar a mi apartamento. No lo creo. Tengo que ir a trabajar (en McDonald's). Bueno, él dio vueltas y vueltas y me encontró en una parada de autobús al otro lado de la calle.

"Oye, no te voy ameter de regreso". El juez dijo que no lo hiciera, pero tienes un tribunal en esta fecha.

"¿De Verdad? ¿El mismo día tuve la otra cita en la corte en el condado?" Lo hicieron de nuevo.

"No te atrevas a continuar"

El Gerente del Edificio en el tribunal se agacha y me amenaza "¿Qué?"

Le dije al alguacil que estaba parado allí, Él me amenazó, digamos a la corte. NO, él me ignoró, y la corte no hizo nada. Entonces, el abogado recién nombrado del Tribunal Federal me llamó y me dijo:

"¡Debo estar en la corte con usted!"

"NO, tú no, esto está separado."

"NO, ¿debo hablarle a la corte sobre ti?"

"NO, eso es ilegal." No podía estar en la corte, el abogado de la otra Corte Federal me detuvo en el Entrada. Así que el Gerente de la Habitacion salió sonriendo de la corte, y hablando por teléfono, (tal vez con el oficial de libertad condicional), él estaba diciendo, no, ella no estaba allí, gracias.

Estaba parada afuera del Juzgado del Condado con el nuevo Federal (abogado retirado) Abogado y el Rabino, por lo tanto, no puedo estar mintiendo sobre todo esto o algo de esto.

Arreglaron todo antes de ir allí, solo funciona para los abogados de los gobiernos. Entonces, ¿dónde está de las personas por las personas para los derechos del pueblo? Esto es solo un juego, un espectáculo. Van detrás de puertas cerradas, establecen un plan y luego hacen el espectáculo, ¡y Dios lo ve!

"Puedo recordar que cada vez que esto me sucede a mí es porque de una forma u otra he mencionado en voz alta que me iba a postular para trabajar para el FBI. Supongo que no me quieren ya que no toleraría todas estas mentiras. Están allí para hacer el bien y la justicia, y no hacen lo que quieran.

"¡Solo, Porque Pueden!"

Tren con ellos a otras personas para testificar que les pagaron para estar allí. Nunca supieron lo que sucedió antes, pero se les dijeron qué decir y cómo. Incluso lo mencionaron en la corte.

"Sí, me dijiste que dijera eso, y sí, está bien que ella sea culpable".

Está todo en el juego de pelota del juego del gran niño. Después de todo este teatro, habían hecho de la corte. Una corte donde nadie puede entrar. La sala del tribunal era

escondidos en el tercer piso, puertas grandes, y se abren a un lujoso juzgado. El rendimiento comienza.

AQUÍ - AQUÍ EL HONORABLE >>>>>>
TODOS DE PIE ....

Comienzan por nombrar a todas las personas en la corte. La persecución le preguntó al oficial de libertad condicional.

"¿Podrías decirme tu nombre?"

(¿En serio?)

"¿Puedes deletrear tu nombre?",

Preguntó el taquígrafo,

¡REALMENTE! Como esta Pxxxa no ha estado en la corte tres veces a la semana, cuatro veces al día y durante quince años. ¿Todavía no sabes su nombre y debes preguntar para deletrearlo? Bueno, si no pueden recordar. tienen que ser despedidos.

Estaba prohibido hablar, o

La persecución me iba a dar cinco años más.

Entonces, trajeron acusadores, y uno dijo que le robé un vestido y que tenía las etiquetas y el sensor.

Bueno, si eso era cierto, ¿por qué cuando salí de la tienda no sonaba nada? Entonces, mienten después de mentir, y mi abogado designado me decía que me callé y que me dejara que me inmundaran. ¿Dónde está la justicia si no puedo confrontar a mi acusador? Porque si quieres enfrentarlos, ¿obtendrás muchos años más? Años como que te tiran un caramelo. Seis meses equivalen a tres años. Dos meses equivalen a cinco años. ¡Qué Burla!

¡No, haga esto y salga de esto haciendo solo tres meses, o tres años de lidiar con la libertad condicional! La jugada continúa. Soy el espectador que no tiene derecho a decir nada ni a preguntar nada. Todos tienen un dicho en mi vida. Aquí podría decirme qué pasó con la persecución.

"Bueno, creo que tuvo que declararse culpable, y ahora tiene una audiencia la semana próxima para la apelación ya que tiene pruebas de su inocencia" (indiscutible).

"Proceda, ¿qué es? este papel."

"Bueno, creo que es mi informe. Espera, déjame ver de nuevo. "Mi oficial de libertad condicional preguntó:"

"Oh, sí, bueno, ¿dónde están mis gafas? Oh, sí, este es mi informe en el que creo que fue presentada culpable."

¿No estuvo en la corte el primer día que tengo una cita con ella y esperé todo el día en la recepción? Eso lo mencioné en el Capítulo Diecinueve

"Bien, gracias."

La persecución la excusó. Mi abogado no cuestionó nada.

"Aquí presento (un mentiroso) ¿Cuál es su posición?"

"Acabo de comenzar como una seguridad en la tienda. Me dijeron que la revisara."

(¿Quién te lo dijo?) Pregunto:

"Uno de mis compañeros de trabajo la siguió y luego me dijo que se había quitado un suéter".

La arrastramos a la tienda y comenzamos a revisar sus cosas, y otra de mis compañeros de trabajo trajeron otro vestido, y afirmamos que lo robó.

"¿Encontraste el suéter?"

"Bueno, ¿no le prestamos atención al suéter, solo el vestido que trajimos?"

(parece que el que encontramos con ella, ¿no tenían etiqueta o etiquetas de

seguridad?

SI SOLO ELLOS DECIRÍAN LA VERDAD.)

En vez de eso, él dijo

"Sí, el vestido que teníamos tenía etiquetas y un sensor en él".
"¿Tenía las etiquetas?", preguntó el juez.
"Sí, tenía el sensor y el vestido de etiqueta".

¡LIER! Por favor, muéstreme la grabacion, estaba fuera de la tienda y en la mitad del centro comercial, y ningún sensor sonaba en absoluto. Mientras que otra persona que paso por la puerta y el sensor sonaba y ni siquiera salío de la tienda. Si estaba robando, ¿por qué ir por el centro comercial y no salir a la calle y correr? Tenían su corte y juicio; ellos solos, juzgan en el Tribunal Federal mientras esto era un delito menor en un tribunal estatal. No podía tener la oportunidad de defenderme de esto, es un tribunal estatal ya que los abogados todo lo que ellos querían que yo hiciera era

"PLEA CULPABLE" O CONTINUARÁ EN LA CÁRCEL,"

Así que no pude defenderme, y pasé más de tres meses en la cárcel sin comunicación o sin libertad bajo fianza. Además, perdí todas mis pertenencias porque el alquiler se venció CINCO DÍAS, ¿Por qué?

"¡Solo, Porque Pueden!"

Sin embargo, en seriedad, ¿dijo que alguien le dijo que me hiciera uana trampa? Mintió en todo lo demás, pero no tuve oportunidad de contestar ni nada. Mi designado abogado retirado me lo dijo.

"Todo eso es un rumor, así que no puedes decir nada, te encuentran culpable".

"¿Qué? ¿Cómo?"

"Bueno, no puedes entender el inglés, y dijeron que lo harías por tres meses y terminas por completo con las tarifas de libertad condicional y restitución".

"No veo una razón real para devolverla a la Prision".

El juez dijo.

Todos se callarón, y luego la Persecución habló

"¡Su señoría, quiere recuperar su casa!"

"¡Nueve meses en prisión y ella se quedará AHORA!" El juez miró sus papeles y dijo:

"No, yo Necesito preparar mis cosas, por favor."

'NO, ella se queda,' exclama el juez, se levanta y sale de la sala del tribunal.

Fue entonces cuando llegó el único que estaba allí para mí y dijo.

"¡Guau! Es como si ni siquiera te conociera, ahora tengo miedo".

"No, me conoces, ellos no me conocen", y continue diciendo,

"Ya te dije, todo esto era un juego, una broma, y una mentira, y no iban a darme los tres meses, pero cambiaron todo en el último momento,"

¿Vinieron los alguaciles y me esposaron y me llevaron a ...?

¡No tenía idea, otra vez!

23

Otra Trampa Y Con Castigo.

Otra Trampa Y Con Castigo

Me llevaron a una pequeña y lejana cárcel para que nadie pudiera venir a verme, por supuesto. *La Guardia robó mi dinero y mis aretes de oro, papeles y números de teléfono. Es como que pueden hacer lo que sea y la ley es lo que les place. La ley es como van.*

Es como que pueden hacer lo que sea y la ley es como les plazca. La ley es a medida que van.

Una semana más tarde fui recogida por dos ex guardias y llevada a otro estado. No llevarían mis pocas pertenencias a la otra cárcel. El guardia los quería, así que no tuve suerte. Cuando vi al Sargent en la otra cárcel, pedí mis pertenencias, que están permitidas por la ley.

"Los enviarán por correo", dice.

¡De Verdad! Mentiroso como nací anoche.

Te dejaré saber un poco sobre lo que sucedió en este lugar. Los oficiales intentaron ponerme con los ilegales porque tengo acento. Me colocaron en una habitación con una mujer loca, así que fui allí a dormir. Luego me mudé a otra habitación. Supuse que estaré allí durante dos semanas, bueno, me quedé allí por tres meses. No hubo comunicación. Nunca enviaron mi correo (lo robaron). Estaban tan sucios los cuartos que cuatro reclusas salieron con gusanos que les salían de la piel. Las duchas ubicadas dentro de las habitaciones estaban llenas de insectos. Nos trasladaron a otra unidad, tomaron mi lugar y no tenía cama.

¿Descubrí que los "ilegales" tenían más derechos que yo? Computadoras, abogados, llamadas gratuitas, mejor comida, ¡guau! así que ni siquiera podía enviar mi correo y no tenía cama, y me pusieron en aislamiento dos días porque me quejé (¡no estaba jugando con eso!)

Tenían la TV encendida toda la noche después del recuento de los guardias. Era tan ruidosas, cuando yo no tenía cuarto, y me gritaban en los oídos. Una habitación estaba vacía (mi vieja habitación) los guardias no me dejaron entrar allí. Dos mujers estuvieron solitarias durante una semana y regresaban (no guarden camas) y lo hicieron porque su habitación estaba llena de juguetes sexuales hechos allí y eso fue tan divertido para los guardias, que las defendieron. Bueno, continuemos con mi viaje.

"¿Por qué me haces esto?", Le pregunté al Sargent:

"Bueno, sabes que te vas", dijo.

"Finalmente, después de más de dos o tres meses no tenía idea de la hora, en este lugar lleno de bichos".

El viaje al Campo Federal fue así;

- ✓ Me sacaron de mi casa a una pequeña cárcel de una hora y media en mi estado.
- ✓ Me transfirieron a una cárcel de cuarenta y cinco minutos en otro Estado durante dos o tres meses.
- ✓ El guardia me llevó a >>> el aeropuerto. Me recogen para llevarme a un viaje de veinte minutos para tomar el vuelo de los internos, de Florida a Oklahoma, donde estuve tres días.
- ✓ Desde Oklahoma, de regreso a mi estado, se pararon para recoger más personas, luego a Tampa Florida, desde allí.
- ✓ El guardia del Campamento nos estaba esperando, para un viaje de dos horas de regreso al norte de Florida

Hablando de malgastar los impuestos a los pueblos. ¿Todo porque el juez no me dejaba entregarme al campamento? Como antes, pues "yo podría recuperar mi casa". En este punto en el tiempo, o voy a correr según ellos porque todas las violaciones de la ley lo han hecho.

¿Cómo puede ser que una parte del gobierno no confíe en su mano derecha desde la izquierda? Destruyen el medicamento del mes que acaba de llenarse y lo tiran (son ellos los que transportan este medicamento). Luego debes consultar a otro médico para ver si él o ella te darán el medicamento, esto toma tres días; Mientras tanto, no tienes suerte.

¿La vez que me dieron sin razón, o todas mis solicitudes fueron marcadas como Frívolas y Descartar cuando GANABA?

¿Qué voy ha hace ahora?

"Tú eres el próximo en estar aquí".

¿Ya no sé por qué? Pienso en ellos, y todo lo que obtengo es abandono. Esto es más de lo que acepté por la fuerza. Quiero ir a casa. Esto es peor que una pesadilla. Esto es muy exagerado y ya no puedo manejar esto. ¡NO MÁS!

Si hubiera hecho mi vida en la criminalidad, estoy segura de que no habría tenido que pasar por esto. ESTOY CANSADA DE LA MISMA MIERDA REPETIDAMENTE. Los tribunales ignoran la verdad y simplemente la castigan _

"¡Solo, Porque Pueden!"

Como los oficiales siempre me dijeron. No importa qué tan bajo llegué a las emergencias (muy enfermo) y la situación parece desesperada. TAMBIÉN ES SOLO UNA TRAMPA. Sé una cosa ...

DIOS quiere que haga algo. El tiempo de Dios es a menudo un misterio para mí. No debo tratar de organizar mi solución. No importa qué tan bajo me ponga, no importa lo que se derrumbe a mi alrededor, (nosotros), no importa quién me rechace o me calumnie. Dios me anima Él me ha ayudado a ver a través de todos estos. Dios ha fortalecido mi Corazón de una manera que nadie

más puede alcanzar, bien dentro de mi CORAZÓN. *¿Dios recuperará mi*

propiedad robada? David lo hizo Como Joseph = Manasseh

Debemos amar a nuestro prójimo. Mucho más, ayudar a quien lo necesita. No permita que esos lobos falsos se vistan con uniforme o ropa costosa. ¡Te roban! Están equivocados. Perdieron su humanidad Se convirtieron en narcisistas.

"Me debes, y todo se trata acerca de mí, solo quiero tu Declaracion de culpable".

¡Si eres culpable, o no lo eres! Sin embargo, eso trae más dinero a mi almacén.

Sí, y me pregunto cuánto tiempo durará esto pues tu eres humano también y en una fracción de segundo. Tu enemigo será falso, te acusará, testificará horriblemente contra ti y habrás perdido. Perdido en un juego como aquellos que apuntaste con tu dedo sucio. ¿Pues qué ganas siendo malvado? EL CIELO, NO.

24

En El Camino "Otra Vez" A La Sentencia.

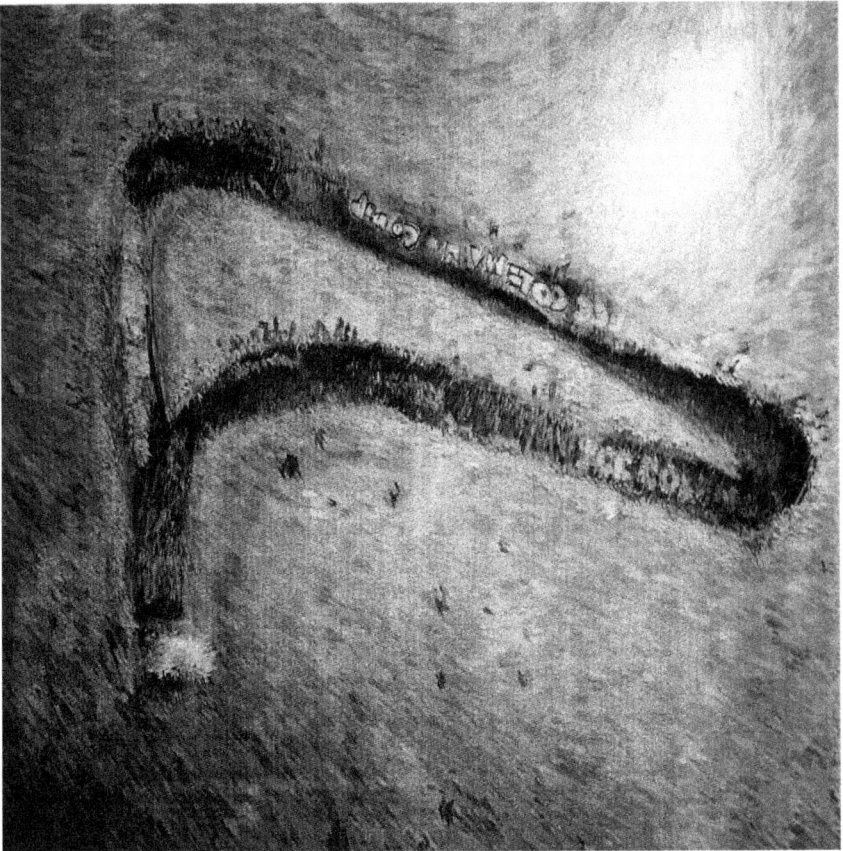

En El Camino "Otra Vez" A La Sentencia.

Hay muchos dentro de esta prisión sin muro. Un Campamento, que están aquí presos por drogas, no porque los vendieron, sino porque o bien los hicieron o cruzaron por un extraño que les pidió usar su teléfono alegando ser una emergencia ...

Se les llama policía encubierta. Este trabajo de oficiales es para encrimirarte para llenar las cárceles y las prisiones. No está ahí para servirte y mantenerte a salvo, sino para encontrar inocentes, ignorantes del mal y meterlos en una trampa.

"Oye, ¿podrías entregarle este sobre a mi madre en esta calle, es una emergencia, pero puedo llegar ahora? ¿Por favor?"

Alternativamente, cualquier otra mentira. Hasta el punto de que, si tienes una emergencia, no se trampa e pida a nadie ni le preste dinero a nadie, su teléfono celular o esto podría costarle entre cinco y veinte años en prisión.

Esta trampa ha sido tan prolífera que ahora ellos cambian la ley.

LEY DE DROGAS: cambios en las reglamentaciones, en los infractores por primera vez (si tiene suerte porque una vez que está dentro, envía a alguien para acusarlo y darle más cargos "¡incluso dentro lo hace!") así que ...

Delincuentes por primera vez, no violentos, acusados de cualquier clase de drogas. Deduciremos dos puntos (un dos-cinco años menos). ¿Qué hace el tribunal ahora? La corte ahora está dando sentencias mas altas, así que cuando obtienen su reducción de dos puntos, todavía obtienen diez años MÍNIMOS obligatorios.

"Cabr... "es un juego, los jueces de la corte están invirtiendo en estas cárceles, y no dejan que se pierda su dinero. Entonces, no hubo cambios después de todo.

Vimos o estuvimos cerca de un traficante de drogas y no lo delatamos. Ahora estarás haciendo el tiempo que los delincuentes deberían hacer. Sin embargo, están afuera apuntando con el dedo hacia otro para que no sean encarcelados. ¿Cómo no involucrarse? ¡Yo digo hola! Alternativamente, recibí una llamada de alguien que vende aspiradoras u otras cosas. Quién sabe, y ahora quedaron atrapados en el negocio de las drogas. Por lo tanto, para salir de la prisión, involucraron incluso a sus gatos, y se liberan, mientras que la persona que no está involucrada recibe los diez años de tiempo de prisión MÍNIMO y la restitución para todos. ¿Puedes creer AÑOS? ¿Por qué?

"¡Solo, Porque Pueden!"

Envié solicitudes de ayuda a: New York Times, Oprah, Washington Post, EE. UU., Los Angeles Times, canal FOX, I CAN, Univision, Telemundo, Azteca, Inglaterra, Canadá, Australia, Israel Prime Ministro.

Además, ninguno de ellos no devolvería la llamada o un reconocimiento. Ni siquiera el Prisionero Derecho o los Derechos Humanos. (A menos que esté en el corredor de la muerte, podrían mirar su caso.

25

La Sentencia De Prisión En Coleman

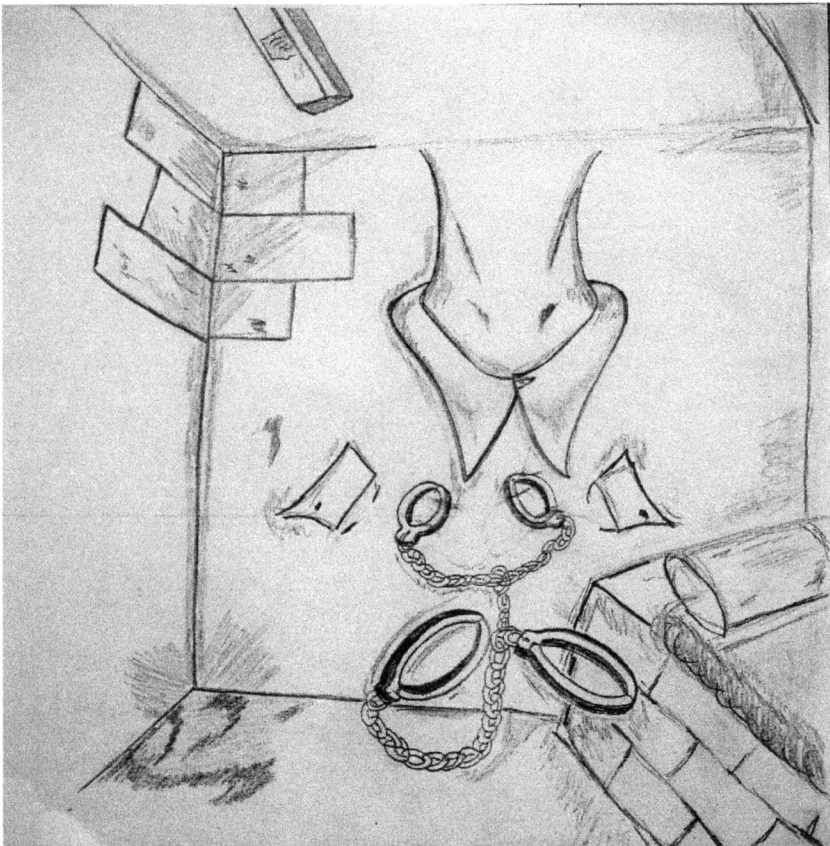

La Sentencia De Prisión En Coleman

Campamento! Un revestimiento dorado SIN PRISIÓN, ¡no lo es! Los oficiales todo el día tienen una actitud de dos caras. Se hacen los tontos y no te ayudarán. Ellos tienen sus mujeres preferidas, y todos los demás no son nada. Algunos dicen, este es tu 'TIEMPO DE RELAJARTE' - bueno, no, este es un tiempo de INFIERNO egoístata.

Felonias, quince por ciento de ellos no son crímenes, y un sesenta por ciento es el fondo. Veinte por ciento sí, les gusta los hacen un CRÍMEN. Dejo un cinco por ciento restante para dar o tomar para variar según lo que viví. Esto me recuerda a la película "La Declaración de Independencia" sobre los documentos de Independencia y los masones. Donde al final, el FBI lo perdona y envía a otras personas a ir a la prisión. En las palabras reales del FBI

"Bueno, alguien tiene que ir a prisión".

"A quien podamos encontrar. Solo dánoslos. Forzaremos fácilmente a declararse culpable. ¡Pensarán que esto será descartado y quedarán atrapados en el MINIMO HA! ¡JA! ¡JA! ¡JA!"

Conseguí un trabajo en el PATIO DE RECREO. Estaba cuidando el lugar de culto de los indios. Un consejero de este campamento me colocó también en la cocina. No puedo tomar dos trabajos. Bueno, traté de poner esto en orden. ¡Buena suerte! El oficial en la cocina es un gordo puertorriqueño (he aprendido gran parte de su educación en Puerto Rico, enséñales a pelear, pelea, lucha si no obtienes lo que quieres). Él me quería en la cocina para recoger cajas pesadas.

"No, tengo una pierna mala".

Entonces, el campamento me sacó de allí y yo debía continuar en el patio. Un domingo, cuando todas las oficinas estaban cerradas, y yo como te recordaré. No tenía dinero, ni alguien me enviaría ninguno. Me levanté y me preparé para ir a comer mi desayuno. El oficial me vio en la línea y me llamó. Me obligó a ir y prepararme para trabajar para él.

"NO, no trabajo para ti, y vine a comer mi comida".

"NO, no comerás y salte ahoritá".

El oficial no me permitió comer el desayuno o el almuerzo. ¡Él negó mi comida! y me llamó una delincuente. Las cajas de comida que nos sirven estaban marcadas como "NO PARA CONSUMO HUMANO".

Durante dos meses trabajé en dos lugares. No me pagaron por el jardín, y la cocina me pagó la mitad de lo que se me debía.

Mostré a todos que el oficial del patio antes de que lo despidieran. Lo despidieron por decir: "dama negra" (ridículo, los negros se llamaban a sí mismos Níger, pero nadie más pode llamarlos; el doble estándar del Níger, ¿pero ellos si nos dan Apodos?) Me dio un papel firmado por él, que dijo que estaba bien pagarme esos dos meses. Tomaron la carta y dijeron que procesarían el pago el próximo mes.

En el momento de recibir mi pago, esto faltaba nuevamente, me debían Veinticinco dólares, por esos dos meses en dos trabajos.

"¿Dónde está mi pago?", Le pregunté

"¿Qué pago? ¿Qué papel? Oops, lo perdimos. Muy mala suerte para ti."

Este es un "lugar correccional" Durante este tiempo, supuestamente me corregí en todos mis sentidos.

"El Bien Es Malo, El Mal Es Bueno"

Dios es como Scotch Tape, no puedes verlo, pero sabes que Él está allí.

Dentro de la habitación del dormitorio, note el comportamiento de lo que las personas piensan y le hacen a los demás.

Oh, todas están durmiendo y están en paz. Vamos a fastidiarlos en esta habitación rectangular y larga en

CRIMEN DE CUELLO BLANCO ¿LO ES? O ¡NO LO ES ASI! ||

blanco, donde el sonido es diez veces más fuerte.

Fingiré una tos, arrastraré las sillas, abriré y cerraré

muy fuerte las puertas. Enciendo el televisor y dejare

la puerta de la sala de TV abierta.

¡Oh! Entonces despúes:

Eso no los molestó demasiado. Ok encenderé las

luces que se leen en la oscuridad y pondré mi radio a

todo volumen.

¡Ja! ¡Ja! ¡Ja!

Bueno, este es el pensamiento malvado que tienen los negros. Dicen que va a hacer que los demás se enfrenten a ellos, y su regreso fue

"En voz alta, te presiono, y luego gritan... ¿Es

porque soy negro?

En otra ocasión a la hora del almuerzo. Estaba sentada al final de la sala, esperando que mis amigos se sentaran conmigo, cuando todas las mesas a mi alrededor estaban vacías. Aquí viene una Señora Negra.

"Oh, mi amiga, ¿estás esperando a alguien?"

"Sí, estoy esperando por dos más".

"Oh, bueno, qué mal... golpe".

Ella se sienta con otras tres en mi mesa y me da su Mirada, (No soy racista, ¡pero Dios lo es, el las hizo y las dividio de acuerdo con su raza! ¡Los negros son racistas!)

La mirada que saben dar desde que sus madres les enseñan, y luego después de que ella se sienta groseramente con dos de sus amigas en mi mesa. Todas las mesas estaban vacías y dieron un vistazo. ¡Ella vuelve la cabeza hacia abajo, extiende su mano hacia adelante con su palma rodando hacia la parte superior Y EMPIEZA A ORAR!

¿Qué, Dios no ve? Como dijo un Rabino durante su sermón: "Ni siquiera sabemos si Dios existe". BIEN TE ESTOY DICIENDO, Dios existe, y tú lo ves a tu alrededor por su bondad, o todos estarían muertos.

Terminé mi comida. Mis amigas se sentaron en otra mesa y me fui a mi unidad. Esta dama negra entra en mi unidad y comienza a gritarme porque me levanté y me fui.

Teniente;

Siguen sin pagarme mi salario de veinticinco dólares, y seguí todos los pasos que tienes. Escribí tratando para conseguir ese dinero, dinero para poder comprar champú. Bien en un domingo en la mañana, cuando todos se están preparando para recibir una visita de sus familias (no yo), alguien llamó mi nombre por los altavoces. Bajé (pensé que el rabino vino a visitarme) y me encontré con un teniente que dijo:

"He visto todas tus solicitudes de pago"

"Estoy aquí para decirte que lo dejes en paz, y no te pagarán, ¿entendido? "

"No te pagarán, pero te enviarán a una prisión de más alta seguridad si sigues buscando esto. Solo vete a casa, te recomendaré, estas personas no tienen corazón, y te enviarán a otro lugar de mayor seguridad, por favor." Él imploró, déjalo ir.

"Haz tu tiempo, descansa y sé libre".

Entonces, yo le agradezco. Volví a mi unidad, recosté y oré.

"Eres una latoza, sigues quejándote",

escribió el juez.

No, quiero lo correcto. ¿Si veo que ignoras la verdad, quiero saber por qué? Hacerte el tonto no ayuda a nadie, y tú que juegas así también sufrirás más tarde y sus parientes también lo harán por tus consecuencias. Entonces me pregunto, ¿quién gana si destruyes nuestras leyes?

¡Necesitamos recordar que somos humanos de Adán de una sola persona y que el mal dice que está mal!

"Haz lo que quieras, si te sientes bien".

El respeto a tu cuerpo traerá honor de uno al otro. El cambio naturaleza no es del siglo XXI. Una vez más, y otra vez más, se ha demostrado que la falta de respeto por nuestro ser y la naturaleza es el final de la civilización. Naciones, cultura y hombres, por esa razón, los homosexuales, los transversales, los homosexuales o cualquier otro soñador como se le llame es irreal, y es un intento de destruir a los humanos. Tener sexo fuera del matrimonio, con niños, prostitutas, cosas, animales o cambiar de sexo no es natural en contra de nuestra Madre Naturaleza (el Espíritu Santo). Para que alguien acepte esto no natural, las cosas malvadas deben ser consideradas como un terrorista contra la naturaleza.

Para aprender nuestra naturaleza, debemos obligar como una ley a volver a la naturaleza. No solo en lo que come, o usa, o recicla, sino en cómo comportarse, sin importar lo que su cultura le haya enseñado. Nosotros, como ser humano, DEBEMOS respetarnos mutuamente, sin importar si es un bebé, un niño, un adolescente y un adulto o un anciano, una mujer o un hombre, ver a cada ser humano, planta, animal o cosa que tenga mujer u hombre sexo. Quédese en su región y luche por un cambio.

En cada parte del mundo, Universo y Eternidad. Si volvemos la Naturaleza, arreglamos todo. Planned Parenthood, no más abortos, no habrá sexo gratis, violación y quedar embarazada. Si no puede mantenerse, no debe quedar embarazada, a menos que sea una bestia y no pueda tener el control de su propio cuerpo, y luego debe ser castrado o amasado.

Permanezca en su región natural y no se extienda por todo el mundo sin luchar por su país. ¿Por qué querer escapar? ¿Por qué si no quiere cambiar su cultura y continuar con lo que usted cree?, por qué venir aquí? Quédese en su región. No, vuelva, espere y luche con amor por tu lugar. Cuando si decides mudarte de tu país, después de tener o traer a un niño, Ideben de esterilizan y castran y también a sus hijos, y si lo haces, tienes que tomar las creencias de ese país, ¡está en la Biblia!

Escuché esto en las Noticias: el planeador cerebral del onceavo 911 de septiembre acaba de ser liberado, liberado por Obama junto con la guardia de Bindladend ....

26

Hacer Negocio Dentro Del Campamento

Hacer Negocio Dentro Del Campamento

Uno de mis amigos en el Campamento y Tallahassee me pidió que hiciera un plano de un edificio comercial. Yo acepté

"Está bien, no, lo haré para ti, sin cargo" le dije

"NO, NO me cobra ...", dijo ella

"De acuerdo, generalmente aquí voy a cobrar treinta y cinco, así que cargo solo quince y cincuenta".

Discutimos el pago, hicimos cambios y volvi a hacer en limpio mas camvios, cambiando, moviendo y agregando durante tres días completos. Limpié el plano y lo entregué. Puse todo mi conocimiento y profesionalismo.

Supongo que su propuesta falló y no pudo hacer negocios con las otras mujers. Regresó con el dibujo quejándose de los Quince dólares,

"Está bien, y no tienes que pagarme" le dije

"NO, NO, pon el precio. ... Es perfecto, lo guardaré así que cuando tienes la oportunidad de estar allí lo ves exactamente, gracias ".

Que Lata -

"Pon el precio".

Entonces, ella lo hizo y dijo ocho.

"Está bien, bien, gracias".

(¡NOTA que tenía mucho dinero entrando, mientras yo no tenía a nadie que me enviara dinero para mis necesidades!). Ella volvió pagándome con diferentes artículos. Más barato, el tipo equivocado y la marca eran más baratos para ella. Entonces, Hmm, bueno, gracias

"Voy a cambiar esto que quería y esto no ..."

"Oh, no, lo haré", dijo.

Tan hiriente y grosera. ¿Su propuesta se fue por el desagüe e intentó lastimarme? La forma en que piensas, las cosas deben volver a ti. Me pregunto si su edificio sigue en pie después del Huracán.

Un guardia en el campamento. Estaban creando una "sala de meditación", por lo que compraron este mobiliario, los muebles modernos fueron a sus oficinas y viejos en la habitación. Una sala de meditación para veinticinco mil personas y abre solo un par de horas para una sola persona.

"???".

Bien, compran este mobiliario y dicen que gastan tres veces el dinero.

"¡Fraude!'

Tuvimos un par de grandes clases impartidas por una gran persona (un recluso), solo porque íbamos a aprender algo útil. El departamento de educación reclamó no tener dinero para hacer copias para la clase, por lo que el campamento lo suspendió. Sin embargo, si esto fuera GED, estaría bien. Por supuesto, obtienen dinero extra en eso. Para hacer algunas copias, ¿y no tenían dinero?

En el departamento de recreación, que no fui aceptada en una clase. Los oficiales en la B.O.P., dan fotocopias de tantos papeles o logotipos de derechos de autor, y luego los recrean. (No pensé que fueran de China) "Fraude". Esto era solo para personas de raza negra o personas que estaban casadas o tenían algún tipo de relación con el negro. Sin embargo, cuando necesitaron ayuda para pintar toda una sala de recepción para celebrar un retiro, me llamaron para hacerlo. El guardia de la Prisión para hombres vino y me preguntó personalmente y me prometió que me pagaría ciento cincuenta dólares. No pudo hacer que los hombres los hicieran, y luego lo entendí. Entonces, acepté, pintar el gran tablero para su jubilación. ¡Ellos les encanto!

Así que tuve que pintar doce más y les pregunté

"Por favor al menos dame algunas fotos para mi portafolio, como siempre lo hicieron para otros".

El guardia dijo seguro, y el fotógrafo tomó las fotos, pagué por ellas. Luego, la mujer de la guardia negra del lado de la mujer vino corriendo y dijo:

"Espera, haremos eso más tarde, no ahora".

(¿Hmm?)

Bueno, nunca me dieron las fotos. Después de su gran fiesta, usaron todas estas pinturas para otras fiestas de guardia. Vi a este guardia en nuestro campamento y le pedí mi pago.

"Claro después". Él respondió

El más tarde nunca llegó, después de todas mis solicitudes. Me robaron mi salario. Entonces, esa es la razón por la cual los hombres en su campamento no lo harían.

Le pregunté a nuestro guardia de recreación negra acerca de las imágenes, ya que estaban tomando la para celebrar otra fiesta de guardias, todo lo que dijo fue:

"Déjalo".

"¿No lo entiendes?", continuó,

"No vamos a darte pruebas de que celebramos todas estas fiestas elegantes con la comida y el dinero del recluso para mostrar en el exterior.

¡Entiendes!

27

La Casa De Medio
Camino Otra Vez

La Casa De Medio Camino Otra Vez

Yo eleji ir a otro estado para terminar mi casa de medio camino. No iba a volver a la primera. Gracias a todos ellos lo que me hicieron pasar sin ningún motivo y me enviaron a la cárcel, y luego a la prisión porque no era negra. (Somos hermanas negras, y debemos estar juntas...)

Oye, estoy jodida,

Los negros me odian porque - soy blanca

Los blancos me odian porque - hablo español

Los hispanos me odian porque - Yo soy el GRINGA

Los judíos me odian porque no tengo dinero

A los cristianos no les gusto porque soy un judío acusado.

Los ilegales tienen más derechos que yo, un ciudadano criado fuera de los Estados Unidos. ¿Qué voy a hacer?

Un recluso me llevó a Casa de Medio Camino. Finalmente, fuera, ¡bien sorpresa!

No solo me dieron solo un mes de Casa de Medio Camino, mientras que otros tienen de tres a seis meses ... Fuera de este tiempo, la primera semana no me dejaba siquiera salir de la habitación. Eso me deja tres semanas para ordenar mis papeles, ya que se robaron todo "otra vez", encontrar un trabajo y encontrar un lugar para vivir.

Firmé, y gracias, Dios, había medio negro y medio blanco, así que un poco mejor.

"¿Quién es mi consejera?"

"Tal y tal", dijeron

"¿Qué? ¿El oficial de veinte años de la otra Casa de Medio Camino está aquí como consejera? ¡hombre!"

No la vi por tres días. Le escribí al presidente del lugar

"Por favor, ayúdenme ya que no tengo tiempo de poner todo en orden antes de salir".

Como todos me han vuelto la espalda, amigos, familia e hijo. (¡Mejor tú que yo! Dicen). Tuve que moverme rápido, o estaría en la calle "mejor que esas casas de refugio".

Me dejó salir y empezar a obtener mis documentos rápido. No pude conseguir un trabajo allí. Si obtienes uno, tienen que ir y decirles que saldrás de Prison, lo que te despedirá antes de que comiences a trabajar, y luego Casa de Medio Camino se toma tu dinero para pagarse, diciendo que tienes que poner un porcentaje en una cuenta de ahorros. Incluso tienen cuentas de apertura del banco Wells-Fargo para usted allí.

"El ahorro es para usted cuando para cuando salga, asi puede tener dinero para su vida", le dicen.

¡MENTIRAS!

Cuando sales de ese lugar, sacan ese dinero de tu cuenta como pago para ellos y por su servicio de alojamiento, además aceptan donaciones, y el gobierno también los paga. ¡Qué robo!

¿La Ley de Segunda Oportunidad?

Terminas en cero y humillada.

Un día los oficiales llamaron a algunos de nosotros para darnos buenas noticias, dicen, un par de personas negras vinieron a hacernos saber que trabajaban para una nueva organización sin fines de lucro y recibieron donaciones para ayudarnos a conseguir un trabajo y un lugar para quedarse.

"Genial, finalmente alguien me ayudará ...

¡No!"

Para estar con ellos, debes tener un trabajo y ser aprobado, lo cual tomará un mes obtener.

¡Oh, ahí está! Otro truco. Entonces, pregunté frente a todos y al presidente de la Casa De Medio Camino, que estaba sentado a mi lado.

"Acabo de salir del Campamento hace tres días, me dieron un mes de Casa de Medio Camino, en este tiempo tengo que ordenar todos mis papeles, conseguir un trabajo y encontrar un lugar, ¿pero usted dice que se necesita un mes para ser aprobado? Entonces, ¿cómo es que ayudas? "

Todos se callaron. El presidente de Casa de Medio Camino se volvió hacia los otros oficiales.

"¿Quien es ella?"

"Más tarde", le dijeron a él

Sí, más tarde, gracias a su compañía, pasé doce meses más en la prisión junto con el tiempo en la cárcel. Presenté una demanda como dije antes, pero el juez desestimó incluso antes de que supieran que había presentado como:

"Frívola"

Sí, ¿es frívolo luchar por tus derechos? Ustedes Jueces regalan el tiempo como si fuera un caramelo. Me pregunto si han pasado al menos un día en prisión lejos de su familia y amigos, no han podido trabajar y siguen pagando por lo que han trabajado durante toda su vida, a menos que sean ilegales, entonces lo ayudan. "???" ¡Política de los Demócratas!

Después de eso, cada vez que pedí salir, me permitieron sin cuestionar. Todos me preguntaron

"¿Qué tierra tienes para que te teman?"

Bien, por primera vez.

¡Terminé mi tiempo y soy LIBRE!

Está Hecho, Y Ahora ¿Qué?

Sin hogar y sin trabajo. Mi familia y mis amigas no quieren saber nada de mí después de que vieron lo que podrían hacerle a un inocente ciudadano estadounidense.

"¡Solo, Porque Pueden!"

¡No puedo conseguir un trabajo decente porque no me contratarán! Si recibo uno, el FBI enviará a alguien para que me despida, no puedo ser empleada, ni puedo alquilar un espacio para abrir un negocio. Eres un Ex-Con. Sí, y pronto lo estarás también, o alguien de tu familia cercana también lo estará. ¿Por qué?

¡Solo, Porque Pueden!

Me contrataron en dos trabajos de medio tiempo. Estaba viviendo en una habitación pequeña, y uso el autobús para ir a trabajar junto con el tren para llegar allí. Hubo un problema, y los autobuses no funcionan por la noche o los fines de semana, así que perdí mi trabajo.

Después de eso, pude recuperar mi automóvil y encontré un trabajo.

¡Estaba haciendo grandes ventas! Sin embargo, fueron a informarles sobre mí, ¿y qué hizo el jefe?

Me pidió que pintara para la oficina una obra de arte y luego me fuera a trabajar. Nosotros

El nunca me pagó por la obra de arte, y se robaron todas mis comisiones, diciendo;

"El cliente los canceló"

Tenía un registro, y llamé a aquellos que dicen que cancelaron y dicen.

"¿Estás bromeando, no, si lo tenemos? Usted fue tan amable; lo conseguimos por que usted fue muy buena. Estamos contentos con el servicio. ¡No, no cancelamos!"

Bueno, todavía no me pagaron. Segun ellos lo mandaron para pagar mis taxes de acuerdo con el registro de taxes que me mandaron.

¿Alguien más trabaja gratis en este país? Porque desde la primera vez parece que no puedo obtener un pago, y también lograron que no pueda abrir un negocio. Cuando fue la primera vez que el juez solicitó al investigador que me siguiera a todos mis trabajos y les cuente sobre mi caso, incluso cuando ese caso ha sido desestimado y borrado.

28

La Verdad De Lo Que Le Hacen; A Su Gente

La Verdad De Lo Que Le Hacen; A Su Gente

Su nación acusa a su propia gente de obtener un logro monetario. Dinero, impuestos, corrupción para enviar ayuda a otros países presumiendo de ser fiel, santo, rico y el primer poder. Una casa dividida dentro no prosperará, no dejes que el mal venza tu alma.

Vamos a alejarnos de los Principios de Babilonia. Ha sido adoptado como la hija de Babilonia. Ignoraron el derecho, y olvidaron sus propios principios.

Mientras me llevaban a la corte la primera vez, el FBI me secuestró. Vi escribir en la pared detrás del juez. La justicia del Todopoderoso le llega al FBI, a los jueces y a los empleadores que se quedarán sin trabajo.

Sali De Ese Estado Para Poder Salir De Sus Manos

Corrí a otro estado. Encontré varios trabajos. Me despidieron de la primera, ¿por qué? ¿Porque estaba bien? Alternativamente, porque el gerente se enteró de mi situación por parte del detective, eso me sigue siguiendo hablando de mi caso y haciendo que me despidan. El gerente me dijo, bueno, sé algo sobre ti, y él me despidió en una semana.

Encontré otro trabajo: lo estaba haciendo muy bien hasta que descubrieron algo sobre mí; Ellos no me despidieron. Simplemente me robaron y no me pagaron mi comisión. Hicieron estúpidas excusas, que les grabé y les demostré que estaban equivocadas. Me ignoraron diciendo:

"No tienes hogar, y ahora sabemos de ti".

Entonces, no, ¿no me pagaron mi comisión y me quedaron debiendo siete mil dólares más tarde? Habría mencionado que me ofrecieron doscientos cuarenta dólares para que me callara. ¡Una broma!

Tengo que alejarme de aquí. Cada vez que me ofrecieron un trabajo en ese estado, simplemente. Lo siento, no podemos haberte contratado después de que te ofrecimos un trabajo. Cuando guardó un cheque por doscientos cincuenta dólares que todavía me debía y se agregó a las ganancias de mi W2.

¡Fraude!

No solo el detective no me dejaría en paz, sino que ahora ni siquiera me dejarán conseguir un trabajo durante los tres meses. Ahora, tan pronto como me ofrecen un trabajo, me despiden incluso antes de firmar los papeles.

¿Dónde están mis derechos? ¿Alguien que pagó o hizo su tiempo no tiene derecho a sobrevivir, encontrar un trabajo y conseguir un lugar para vivir? ¡Especialmente cuando estás en tu propio país!

Los ilegales y los extranjeros de China e India tienen trabajos, casas, autos y dinero en este que NO es su país y no creen en Dios como lo creen nuestros padres fundadores. Ellos escribieron las Leyes basadas en la fe cristiana. Ahora aquellos de quienes bienen aqui, ¿vienen a este país exigiendo sus derechos y sus religiones? Debes leer la historia real.

Querían que un país pudiese tener su religión, tener libertad de religión, SÍ, pero la fe cristiana, porque venían de la persecución por parte de los musulmanes, los católicos y otros que intentaban destruir la religión cristiana.

Mentiras y Opresiones, El Nuevo Holocausto.

Mientras Obama estaba en el poder, el departamento de justicia llevó a muchos de los pequeños empresarios a la cárcel ¿por qué?

"¡Solo, Porque Podemos!"

Destruir a los Estados Unidos "dando delitos graves a todos ellos simplemente porque".

SÍ, ¡PORQUE PODEMOS!

Ese es su dicho. No me cuentes sobre la historia y cubre todo el pasado con un dedo.

De esta forma ya no podrán votar, atrayendo a personas de otros países para que voten por ellos y destruyendo a más del sesenta y ocho por ciento de los ciudadanos que de una forma u otra ya son felonía o drogas adictivas.

Sí, llamo a los derechos de Copia de Dios del arco iris "la promesa de Dios a Noé", no a los homosexuales o, como dicen, correcto desde el punto de vista político, el LGBT. ¿Por qué los animales entienden mejor que aquellos que piensan que piensan? Si tienes un Palo, eres un hombre, y si tienes una vagina eres una mujer, no importa si quieres negarlo. Entonces, deja de usar el arcoíris y comienza a usar la sal (¿entiendes?)

Me han perseguido por ganar mi propio dinero, y supongo que debo trabajar gratis. Esas fueron las acusaciones de mi empleador en California, y el juez de plano dijo

"No teníamos un caso, pero hicimos uno" Ja, ja, ahora pagas todo lo que ganaste y más. Enviaré al detective a todos tus trabajos para que hablen de ti. ¡Eres una amenaza porque sigues intentando sobrevivir! "

Ahora, ante el Tribunal Federal, le envié una moción para demostrarle que esto es tan ilegal y que no existe ningún delito y lo demandaré por violar mis derechos y mi vida con mentiras, y solicité representación.

Mientras que los jueces solo dicen FRIVOLOUS y me ignoraron y los descartaron.

Apelo a algunos de ellos y de nuevo los ignoro. Entonces, ¿a quién respondes si la gente no puede ser escuchada?

Mis dos casas pagadas me fueron quitadas. "Fueron a la corte y sirvieron otra dirección y otra persona, y otro nombre.

"Ganaron Por Defecto"

Dejándome sin un lugar donde quedarme. Robando mi dinero y trabajo de por vida. Agreguen a esto un préstamo de educación de doscientos cincuenta mil dólares: quién debe este dinero para la escuela, y ni siquiera es mío. Mis abogados resuelven esta deuda dos veces, y simplemente la ignoran. Añadiendo a esto, tomaron Dos Ciento Cincuenta mil dólares de mi dinero y metiéndome con una RESTITUCIÓN de sesenta mil. ¿Qué tipo de Justicia y Matemáticas tiene el Departamento de Justicia?

SOCORRO, SOLICITO TENER MIS DERECHOS COMO CIUDADANA Y HUMANA. NADIE TRABAJA DE FORMA GRATUITA. HE PAGADO PARA TENER MI MBA. SIN EMBARGO, TENGO UN ACENTO. UNA PEQUEÑA MUJER HA SIDO ACOSADA POR LOS TRIBUNALES, CONTRA TODOS LOS DERECHOS CONSTITUCIONALES Y ALLI

SOLICITO Y ORO POR UN PERDON PRESIDENCIAL.

Dios Designó a Donald Trump ¿por qué? Debido a que They Will Not

Well, ¿por qué es que cada vez que mencioné "me voy a postular para trabajar para el FBI" me encierran?

¿Por qué me tienen tanto miedo? Alternativamente, voy a decir, Dios.

Que incluso el Primer Juez, cuando me sentenció, dijo:

"Ahora no se puede trabajar para el gobierno ni para el condado".

¿Qué están ocultando y pensando que PUEDEN? Dios ha visto a través de nuestros ojos todos sus planes, su maldad y sus justificaciones.

Dios nos usa para ver lo que está sucediendo "Yo soy la pupila de sus ojos", está escrito. Crees que PUEDES, pero NO.

TE SENTIRAS TAN SEGURO DE HACER ESTAS TRANZAS, QUE AL FIN ELLOS CREEN REALMENTE QUE PUEDEN, HASTA EL PUNTO DE TRATARLA CON EL PROPUESTO POR DE DIOS A LA PRESIDENCIA DE LOS ESTADOS UNIDOS.

He pagado tanto por esto, y muchos otros en otro lugar o rincones de nuestro país reciben una bofetada en la mano y luego son libres. Sin mencionar a los ilegales, que les recuerdo,

ILEGALES = NO SEGÚN LA LEY,

Cuando muchos de ellos han cometido GRANDES CRÍMENES. Al igual que los Clinton.

$50,000.00 fue mi Bono el 24 de diciembre de 1999? Por recibir un pago en mi trabajo. Otros reciben 2,500.00, ¡debería decir CERO, es por eso por lo que trabajamos "para que me paguen!"

$10,000.00 fue mi Bono después de haber estado detenida sin cargos durante 18 meses, por no declararse en bancarrota. Otros son libres.

$5,000.00 fue mi fianza por robar mi propiedad después de tres meses de ser retenida, mientras que otros reciben una semana o

$1,000.00 de fianza y luego se despiden.

Dios me dijo repetidas veces que iba a traer un rey que gobernara con poder y justicia. Bueno, también han tratado de atraparlo.

Trabajé en varios trabajos y no me pagaron en absoluto, y una vez la Junta Laboral me dijo que, si quería reclamar mi sueldo, ¿entonces el Estado estaría en Bancarrota?

He sido forzada a declararme culpable de un acto no criminal como una felonía o me pudriría en la cárcel como me lo dijo mi abogado designado. Por abrir un Quiebra con un abogado y decidir no despedirlo y cerrarlo. NO víctimas. No hubo pérdidas, y a pesar de que me dieron treinta y dos meses más nueve más tarde y no contaron el año y medio detenida sin cargos. Agregando a esto tomaron 250,000 ellos pagan a quien yo ni siquiera sé, y ellos tuvieron un desbordamiento de 73,000 y el tribunal me ordenó pagar 53,000.00 dólares (restitución) a las víctimas que NO EXISTEN.

Sí, esto es Frívolo.

Me robaron mis dos casas y toda mi vida, fotos, muebles, negocios, ¡TODO! Dejé a mi hijo en la calle, incluso que las casas fueron resueltas y pagadas, pero el juez les dijo que las tomaran. Además, ahora descubrí que tengo una deuda de 275,000 por educación que no hice y mi hijo tampoco, esta cantidad fue de 75,000.00 porque enviaron cartas mientras estuve detenida, y yo no contesté (si no los recibe), ¿cómo puedes?) ¿entonces agregaron todo ese dinero en honorarios? Por lo tanto, esto se ha resuelto, y aún así, están cobrando y agregando más costos e ignoraron el acuerdo.

Descubrí que la persecución adjunto otra declaracion de culpa más magnífica que yo no firmé, y no lo declaré. Sacaron cuatro páginas y lo juntaron con el de GA, lo vi después de la apelación. Las copias fueron enviadas por mi abogado de apelaciones que decía

"Sí, debe revertirse porque no puede entender inglés, pero NO, no lo creo, así que renuncié. Todo en la misma moción.

"Luego, en la casa de medio caminoy después de un mes, me enviaron a la cárcel

"Tienes una orden de arresto".

"NO, NO LO HAY, y aún así, me ignoraron y me dejaron en un agujero durante cinco meses.

En este lugar, lanzaron la pelota y dijeron que tratara de atraparla. Te tienen esposada. Si dices algo, entonces te enviarán de vuelta a la cárcel. No a la prisión donde tienes más libertad y haces cosas. A un pequeño lugar de cuatro paredes sin ventanas y sin nada que hacer. Siempre pensé que cuando ibas a la cárcel, tenías que trabajar, no era así, comer y gritar.

Tomar un regaderazo, dormir, comer, dormir, comer, dormir un poco más, comer y dormir otra vez. Es como dicen;

Estoy aquí para que me mantengas limpio, me vista, me alimente y me mantenga a salvo, es la cárcel de los delincuentes.

En prisión: se levantan temprano, se preparan, van a trabajar en algo o van a aprender algo, comer, volver a hacer algo, comer y relajarse para hacer lo mismo al día siguiente.

Salí y comencé a trabajar. El trabajo terminó, y luego me metieron en la cárcel por robar mi propio vestido que llevaba en la iglesia por la mañana. El cambio de ropa que guardé en mi bolso después de la reunión. Fui a una entrevista en el centro comercial y alguien que sabe que siempre llevo un cambio de ropa (no tengo coche) llamó a seguridad. Tomaron mi vestido, mis zapatos, la comida que acabo de comprar para la semana, y así sucesivamente. Diciendo:

"Yo robé",

Sin leer mis derechos ni preguntar de dónde obtuve el vestido. Tenía fotos que lo llevaba dos semanas antes de ese vestido. Pasé tres meses en la cárcel y perdí todo de nuevo, y el FBI se llevó todas mis pertenencias.

El vínculo Co me llevó de vuelta en una semana diciendo:

"¡Leímos mal su teléfono ahora, DEMASIADO MALO!"

Así que sacaron dinero de mi cuenta sin mi permiso. Entonces no pude salir, hacer llamadas telefónicas o no estar en contacto con nadie. Fui a la corte tres semanas después, y me dicen

"OK HECHO si te declaras culpable o te quedarás otros seis meses esperando ir al Tribunal Estatal".

"¡No reducción de fianza!" Por el abogado designado. Así que, le dije al juez

"OK, soy culpable, y ella dijo que no, veo que no eres".

Mi abogado ni siquiera terminó. Salió de la corte con prisa y me dejó sin representación. Luego me dieron otro abogado. Dos meses y medio Más tarde acudió a la corte y la misma se declaró culpable, o tendrá que quedarse otros seis meses esperando para ir a la Corte Superior. ¡Por lo tanto, me declaro culpable y ahora no son tres semanas como a todos los demás me dieron seis meses y muchas otras cosas y perdí mi apartamento por un día! Ahora el Tribunal Federal he enviado una moción que demuestra que esto es tan ilegal y no hay delito y los demando por violar mis derechos con mentiras, y he solicitado representación. Los jueces dicen

"FRIVOLO"

y me ignoraron.

SOCORRO, tengo derechos como ciudadano y humano. NINGUNO TRABAJA GRATIS. YO TUVE PARA TENER MI MBA. PERO TENGO UNA MUJER PEQUEÑA Y ACENTADA Y HE ESTADO ACOSADA POR LOS TRIBUNALES, CONTRA TODOS MIS DERECHOS CONSTITUCIONALES

Mientras usted está en sus manos "usted es un peligro para la sociedad, ¡así lo dicen!", Una vez que lo exprimen, ¿usted está bien estar en la sociedad?

29

En Resumen

En Resumen

Muchos de mis familiares y amigos me dijeron que la injusticia que estaba sucediendo, pero nunca pensé que me iba a pasar algo así.

Te pasará a ti también si no ponemos fin.

Una vez que lo hacen una vez, continúan una y otra vez. He estado en estas cinco veces preparándome para cosas que nunca había visto en mi vida.

Sí, me pasó a mí, en mi propia carne. Soy "ilegal" para el FBI ¿Por qué? Porque tengo un acento. Mientras que otros vienen de otros países como Asia y ellos, vienen ya hablando inglés. Me dijeron

"Todos tenemos el mismo aspecto, así que ahora nos enseñan inglés, venimos en verano o tenemos una visa escolar, y luego nos quedamos".

Al final, los Demócratas y los Clinton, pusieron a los ciudadanos estadounidenses en la cárcel, por lo que ya no pueden votar. Han traído drogas que los hacen "¡Tan divertidos!" Que comienzan en adolescentes (medio desnudos), por qué

"¡Solo, Porque Pueden!"

Destruyen la unión familiar (divorcio, sexo, alcohol, drogas, bastardos). Han destruido la moral de los Américanos y les han dado drogas. De esta manera, otras personas de otros países se harán cargo, mientras tanto, los ciudadanos estadounidenses se duermen bajo los puentes en los centros de ciudades, ríos que acampan sin hogar, sin un lugar para usar el baño, ducharse y lavar la ropa.

Los soñadores han "invadido nuestro país". Es su culpa porque sabían que eran ilegales y no les pidieron a sus padres que los regresaran y todavía demandan derechos.

Es una pena, en la historia de cualquier país, siempre han sido devueltos y no han recibido ningún privilegio. De la misma manera que quitan los privilegios de los ciudadanos de EE. UU. Los soñadores te besan, entonces estás de su lado, y luego se dan vuelta y te acusan de lo que están haciendo.

"Míralos, (para que no me mires)"

Yo no era racista, pero ¡Dios lo es! Es por eso que separó a las personas y su idioma y les dio un lugar en la tierra.

Él creó las razas y las separó. ¡Así que vuelve a tu país y lucha por tus derechos, la tierra de tus padres!

Los perros saben mejor; a mi perro blanco le gusta su raza. Mi perro Yorkie, ama Yorkies, ¿por qué lo saben mejor?

Me siento como un comercial, me dicen "gracias", o sí, esto es genial, oh no, esto no, oh, puedes conseguir esto, no, no puedes obtener esto, no esperes esto tampoco, sí, has trabajado para todo esto, pero te lo estamos quitando. Lo siento, no hay lugar para ti, adiós.

La oración importa, porque ellos NO LO PUEDEN.

Dios está con su gente, y los demás verán sus pagos. Como está ESCRITO.

Algunos preguntan por qué a Dios no le importa el mal. Dios cuida y cuida a su Pueblo y lo recompensará en consecuencia. Es por eso que su palabra está escrita y viva, la cual no puede ser cambiada. No será modificado, en los viejos tiempos, en tiempos pasados, en el presente o en el futuro. ¡SIEMPRE ES LO MISMO!

Otra cosa que, porque dicen,

"Oh, esta es una NUEVA ERA"

Déjame decirte la respuesta a eso. No hay NUEVA ERA para DIOS, él dio su palabra, y esta PALABRA NO PUEDE ser cambiada, y el único que al final juzgará será la PALABRA ESCRITA DE DIOS, escrita antes de la creación.

¿POR QUÉ? PORQUE ÉL PUEDE DIOS.

Entonces, ¡te juzgarás a ti mismo, de acuerdo con su palabra! Dios estará presente.

COMO EL ÁGUILA, TENEMOS RUPTURA, PERO PODEMOS SUBIR POR ENCIMA DE LOS OTROS, NO SOY POLLO, SOY UN ÁGUILA.

Miro a la gente cómo han cambiado, ahora la mujer camina vestida con medias de nylon de colores, y sin los pantalones cortos, las faldas y los pantalones.

¿No tienen suficiente dinero o simplemente Decencia, esto también es viejo? Vergüenza. Chaparras, gordas, altas, viejas y es una lástima o simplemente normal con una cadena de ropa interior y la mitad de la nalga está fuera, y entonces ¿por qué se están quejando? Si alguien te da un billete de $ 100.00, ¿no lo tomarías? Bueno, enséñeles a sus hijos a ser dignos, la decencia nunca pasa de moda. Esto debería ser ilegal y ser considerado para exposición indecente.

POR FAVOR, miro a mi alrededor y miro cómo mi vida se detuvo por tanto tiempo, que ahora los niños son adultos, pero no tienen pureza y mucho menos amor por sí mismos. Siento que estoy en otro mundo (no el tiempo).

Protejamos a América, América de Dios, un cristiano estadounidense. Piensa, me gusta tener una vida próspera para todos los ciudadanos estadounidenses.

¿Había un hombre negro con su esposa y dos niños, pidiéndome dinero para gasolina? ¿Por qué? Él es joven y habla inglés con fuerza si tienes hijos y una esposa con la que deberías trabajar. Pidiendo dinero en las esquinas

"¡Ayuda a las personas sin hogar, claman!"

Mientras me piden dinero y yo les pregunto,

"No tengo hogar, ¿qué puedes hacer por mí?"

OH, lo siento, ¡no puedo ayudar!

Entonces, ¿por qué estás pidiendo dinero "para ayudar a las personas sin hogar?" ¡Esto es fraude! ¿No deberían ser ellos puestos en prisión? Me pusieron en prisión primero por recibir un cheque de sueldo, y luego por trabajar en tres empleos.

Encontré Uno, dos, tres, espero que cuatro o más personas, amigos y familiares puedan ayudarme, ayúdenme hasta que vuelva a estar de pie.

Espera ... No. Lo siento, nadie me ha ayudadó.

Una caravana de ilegales que llega a Estados Unidos EXIGE ayuda, mientras nosotros

Los CIUDADANOS no recibirían ayuda, un trabajo, un lugar para vivir. ¿Por qué? Los asiáticos se hicieron cargo de las universidades.

Los hindúes se han hecho cargo de los mejores trabajos. Los ilegales han tomado empleos a todos los adolescentes.

Los illegales estan en la esquina de Home Depot y exigen una paga de $25.00 veinticinco dollares por hora mas comida y sin pagar impuestos. Mas una universitaria ciudadana no puede conseguir trabajo de salario minimo.

Todos se han metido en las propiedades, viviendo diez en una casa de dos habitaciones. Los otros han tomado las primeras posiciones y no contratarían a estadounidenses sino a su propia gente. Vienen EXIGENTES de Seguro de Salud, cupones de alimentos y dinero, mientras que el jefe de la Casa gana doscientos mil al año.

Como yo NO PUEDO OBTENER UN TRABAJO, el gobierno no me deja alquilar un lugar para abrir mi negocio. No puedo obtener ayuda, ya que no me drogo, ebrio o ilegal, o tengo de cinco a diez niños en otro país y los traigo aquí.

¿A qué lugar ha llegado este país?

Conseguí un trabajo con un tipo AFGANISTÁN que su familia estaba en el gobierno allí. Ahora vino aquí a nuestro país, una esposa es ilegal y te robó tu paga y te humilló. Bueno, tenía tres abogados que querían llevar mi caso a la Junta Laboral, todos dicen CASO GANADO.

Estaba equivocadA, y este OFICIAL, apenas escuchó mi acento, comenzó a humillarme y a decirme que no tenía ningún caso. Él les dijo que ella no tenía ningún caso. Cambiaron mis tarjetas de tiempo, dijeron que me dieron algunos cheques y se agregaron a mi W'2, y luego este OFICIAL dijo:

"Bueno, no tienen que pagarle, estaba siendo amable".

¿Qué? Aquí vamos otra vez.

Así que cambiaron mis tarjetas de tiempo, él comete los errores y dicen: "bueno, yo soy el dueño, y no diré que es mi culpa", sí, y luego, debido a sus errores, no me pago. Él nos prohíbe tomar descansos, o lo deducirá de nuestra comisión. (lo cual hizo sin tener en cuenta), quiere tomar el almuerzo, y en su lugar él lo llama para ayudar en la oficina y en el momento de tomar su comida, entonces todos en ventas se han ido tan bien como él, así que no me lo permitió. para tomar el almuerzo y él volverá a mi tarjeta de tiempo y deduce el tiempo.

Cuando tenía mi negocio, recuerdo a este tipo que era 1099, no un empleado, y fue a la Junta Laboral alegando que le debíamos el tiempo trabajado, mientras él estaba no como un empleado y él no trabajó. La Junta Laboral me hostigo por tres meses diciendo que tenía que pagar, mientras que él no tenía pruebas. Ahora, que yo tenía todas estas pruebas y una grabación y este oficial dijo:

"No, no quiero escucharlo, no tiene caso, y mi computadora no funciona, así que vete. Sin embargo, antes de ir a darles su dirección, ellos quieren enviarle su W'2."

No, ¿por qué no trajeron con ellos? ¡No! (No tenía casa, vivo en mi automóvil ya que él también me engañó antes).

¿Por qué esta policía me pone en riesgo? ¿Quieren venir y amenazarme como lo han hecho en el pasado?

NO TENGO MÁS RESPETO POR LA JUSTICIA.

Como me dijo una policía de estacionamiento cuando mi madre sufrió un ataque al corazón y la ambulancia se la llevó.

"No me importa lo que está pasando, y le enviaré el boleto por correo".

Entonces, me detuve un segundo para dar instrucciones a la ambulancia, y no llegó la barredora. NO, NO TENGO RESPETO, SON TAN INHUMANOS, Y ES POR ESO QUE LA GENTE ESTÁ CANSADA.

De regreso a mi trabajo, le di a este Afganistán mi renuncia con una fecha. Me suplicó que me quedara hasta más tarde cuando acepté, dos días después, él me despidió y le dijo a los demás "ella es problemática, sé muchas cosas de ella, (el FBI también fue para hablar de mí). ¿Cuándo está el FBI? voy a dejarme en paz y dejar de seguirme "¿quién soy?"

Mientras tanto, mataron a 17 niños a causa de que el FBI está tan ocupados haciendo trampas a otra gente para hacerlos delincuentes y dejan que los criminales se queden libres para hacer lo que quieren.

"Acabo de encontrar un gps en mi auto, ¿por qué?"

Los delincuentes vendrán, no es necesario que los sigamos. Quiero saber si tienen una orden FISA, que a donde vaya hay un oficial de policía. Antes era que la policía estaba después de que me fui, ¿ahora es antes de llegar allí? ¿Están escuchando todas mis llamadas y todas mis citas en mi teléfono? ¿Entonces por qué? Me pregunto, ¿tienen uno en ti?

Afganistán; y él continúa; ella no sabe contabilidad "realmente, ¡es por eso que me gradué de contabilidad con honores a los 15 años!

¿Qué debo hacer?

-No puedo conseguir un trabajo

-abro un negocio, y van a parar el alquiler de la oficina

-no puedo ir a las tiendas (alguien siempre me sigue

-Me arrestan sin motivo alguno

- llego a mi coche para buscar otro tix ¡Sin causa!

¿Qué voy a hacer?

-Tenía dos casas, a mi nombre y pagadas, pero cuando voy a la corte, se

desestima el caso y se llevaron mis dos casas. ¿Qué debo hacer? ¿Qué es lo que

quieren que haga? ¿Vivir debajo del puente, sucio y qué más?

¿Es esta mi libertad?

La persecución decidirá:

- ✓ La persecución decidirá si se presentan cargos y qué cargos.

- ✓ La persecución tiene el poder, no el juez en la mayoría de los casos mientras se hace un trato por impugnación.

- ✓ La persecución puede hacer un mal uso de la información y el poder y, hasta ahora, la persecución no ha sido responsable, a excepción de "Anderson, quien cumplió veinticinco años en prisión y el perseguidor recibió 10 días y una multa de quinientos dólares por $ 500.00.

- ✓ 95% el noventa y cinco por ciento de los casos son decididos por una declaración de culpabilidad (¡forzado!) Hacer un trato - sin juicio - no es inocente hasta que se demuestre lo contrario.

- ✓ 5% se ariesgan a ir a juicio (entonces una selección de jurado es una base bajo discriminación)

✓ La persecución penalizará con cargos excesivos si decide ir a juicio.

✓ Su abogado designado tendrá una respuesta "Take de Deal" si no en el juicio obtendrá el MAX (no estoy aquí para ayudarlo)

✓ Si la mayoría de los casos están listos para el juicio, el sistema se invalidaría (declare la verdad y los hechos, esto cortará el 90% del tiempo, ¡o mejor todo el mundo solicitará una prueba!) o

   o Frontline "The Plea 2004" PBS

✓ La Declaracion de Culpabilidad: la evidencia para forzarlo tiene menos de cincuenta páginas.

✓ La prueba de prueba al castigarlo tendrá instantáneamente más de mil páginas, que nadie lee. De esta forma argumentarán un caso sin conocimiento del Abogado de Defensa.

✓ La persecución ocultará pruebas que exculparán a los arrestados.

✓ Persecución, llenara las cuotas y, a cambio, reciba BONIFICACIONES - Juicio por Dawg Award.

✓ En Texas, en 2014 - 133 Ciento treinta y tres fueron exonerados después de un (forzado) Escrito Culpable

John Oliver (HBO) 8/6/2018 YouTube

https://www.youtube.com/watch?time_continue=1183
&v=ET_b78GSBUs

He llamado a un muy buen Abogado y explice mi caso y el libro que viene.

"Me dijeron que a menos que tenga miles de millones no recibiré un perdón

presidencial, y para obtener un poco de justicia tengo que contratar a un buen

abogado, que me acusará de las seis cifras para que mi caso vuelva a abrir una

condena posterior".

¡En Otras Palabras, Estas F ... él dijo!

¡No es de extrañar por qué nadie quiere ayudar!

Salmos 83 Reina-Valera 1960 (RVR1960)

Plegaria pidiendo la destrucción de los enemigos de Israel

Cántico. Salmo de Asaf.

83 Oh Dios, no guardes silencio;

No calles, oh Dios, ni te estés quieto.

² Porque he aquí que rugen tus enemigos,

Y los que te aborrecen alzan cabeza.

³ Contra tu pueblo han consultado astuta y secretamente,

Y han entrado en consejo contra tus protegidos.

⁴ Han dicho: Venid, y destruyámoslos para que no sean nación,

Y no haya más memoria del nombre de Israel.

⁵ Porque se confabulan de corazón a una,

Contra ti han hecho alianza

⁶ Las tiendas de los edomitas y de los ismaelitas,

Moab y los agarenos;

⁷ Gebal, Amón y Amalec,

Los filisteos y los habitantes de Tiro.

⁸ También el asirio se ha juntado con ellos;

Sirven de brazo a los hijos de Lot. Selah

⁹ Hazles como a Madián,

Como a Sísara, como a Jabín en el arroyo de Cisón;

¹⁰ Que perecieron en Endor,

Fueron hechos como estiércol para la tierra.

[11] *Pon a sus capitanes como a Oreb y a Zeeb;*

Como a Zeba y a Zalmuna a todos sus príncipes,

[12] *Que han dicho: Heredemos para nosotros*

Las moradas de Dios.

[13] *Dios mío, ponlos como torbellinos,*

Como hojarascas delante del viento,

[14] *Como fuego que quema el monte,*

Como llama que abrasa el bosque.

[15] *Persíguelos así con tu tempestad,*

Y atérralos con tu torbellino.

[16] *Llena sus rostros de verg:uenza,*

Y busquen tu nombre, oh Jehová.

[17] *Sean afrentados y turbados para siempre;*

Sean deshonrados, y perezcan.

[18] *Y conozcan que tu nombre es Jehová;*

Tú solo Altísimo sobre toda la tierra.

Salmo 83 (rva)

Ellos trataron de mantenerme alejado de ti, pero ellos no conocen mi verdad. Te amo porque primero amas a los hombres. Sigo respirando, respirando nuestro amor en mí. Me encanta el sentimiento cuando esas personas dicen que no puedes hacerlo.

Bueno, sí, ¡puedo!

ADEMDUM

La Cuarta Enmienda

La Cuarta Enmienda a la Constitución de los Estados Unidos

dice:

El derecho de las personas a estar seguros en sus personas, casas, documentos y efectos, contra registros y confiscaciones irrazonables, no se violará, y no se emitirán Warrants, sino por causa probable, respaldado por Juramento o afirmación, y en particular describiendo el lugar que debe buscarse y las personas o cosas que se deben confiscar.

La Revolución Americana se libró, en parte, para crear un sistema de gobierno en el cual el Estado de Derecho reinaría supremo. El estado de derecho a menudo se identifica con el viejo dicho de que Estados Unidos es una nación de leyes y no de hombres. Bajo el imperio de la ley, las acciones de los funcionarios del gobierno están prescritas por los principios y leyes que conforman el sistema judicial de los EE. UU. Y no reflejan los caprichos y caprichos arbitrarios de los propios funcionarios del gobierno.

A veces se establece una distinción entre poder y autoridad. Los oficiales encargados de hacer cumplir la ley tienen el poder de llevar a cabo investigaciones, hacer arrestos y ocasionalmente utilizar la fuerza letal en el cumplimiento de su deber. Pero estos poderes deben ejercerse dentro de los parámetros autorizados por la ley. El poder ejercido fuera de estos parámetros legales transforma a los policías en infractores de la ley, como sucedió cuando el oficial de policía de Los Ángeles Laurence Powell fue condenado por usar fuerza excesiva contra RODNEY KING, quien había sido detenido por exceso de velocidad. Powell golpeó repetidamente a King con su palo de noche a pesar de que King estaba en una posición de sumisión, yaciendo boca abajo en el suelo.

La Cuarta Enmienda tenía la intención de crear un colchón constitucional entre los ciudadanos estadounidenses y el poder intimidatorio de la aplicación de la ley. Tiene tres componentes. En primer lugar, establece un interés de privacidad al reconocer el derecho de los ciudadanos de los EE. UU. De estar "seguros en sus personas, casas, documentos y efectos". En segundo lugar, protege este interés de privacidad al prohibir BÚSQUEDAS Y CONVULSIONES que son "irracionales" o que no están autorizadas por una orden judicial basada en causa probable. En tercer lugar, declara que no se puede emitir ninguna orden a un agente de la ley a menos que esa orden describa con particularidad "el lugar donde se realizará el registro y las personas o cosas que se decomisarán".

Los redactores redactaron la Cuarta Enmienda en respuesta a su experiencia colonial con los funcionarios británicos, cuya discreción en la recaudación de ingresos para la Corona a menudo no se controlaba. Ante la mera sospecha de los recaudadores de impuestos británicos o sus informantes, los magistrados coloniales se vieron obligados a emitir órdenes generales, que permitieron búsquedas puerta a puerta en barrios enteros sin limitación en cuanto a persona o lugar. La ley no exigía que los magistrados interrogaran a los funcionarios británicos sobre la fuente de sus sospechas ni sobre otras determinaciones de credibilidad.

La orden de asistencia era una forma de licencia general particularmente repugnante. El nombre de este escrito derivó del poder de las autoridades británicas para conseguir oficiales de paz locales y residentes coloniales que pudieran "ayudar" a ejecutar una búsqueda en particular. Un mandato de asistencia duró la vida del rey o la reina bajo quien se emitió, y se aplicó a todos los oficiales y súbditos del Imperio Británico. En esencia, una orden judicial de ese tipo era una licencia para los funcionarios de aduanas que rastreaban a los contrabandistas y los bienes importados ilegalmente.

La oposición colonial a las garantías generales era generalizada y cinética. En el caso de Paxton (también conocido como el caso de los autos de asistencia), 1 Quincy 51 (Mass. 1761), James Otis, que apareció en nombre de los colonos que se opusieron a la emisión de otro recurso de asistencia, denunció las órdenes generales como instrumentos de "esclavitud". "villanía" y "poder arbitrario". Estos escritos, Otis continuó, eran "la más destructiva de la libertad inglesa" porque colocaban la libertad de cada persona "en las manos de un suboficial" (como se cita en O'Rourke v. City of Norman, 875 F.2d 1465). [10° Cir. 1989]). Para ser válido, Otis criticó, una orden debe ser "dirigida a oficiales específicos, y buscar ciertas casas" para bienes particulares, y solo puede ser otorgada "bajo juramento" por un funcionario del gobierno "que sospecha que tales bienes ocúltese en esos mismos lugares en los que desea buscar "(citado en Illinois v. Krull, 480 US 340, 107 S. Ct. 1160, 94 L. Ed. 2d 364 [1987]).

Aunque Otis perdió el caso, sus argumentos alimentaron a multitudes coloniales furiosas que posteriormente interfirieron con los agentes de aduanas e ingresos británicos que intentaron apoderarse de bienes misceláneos de conformidad con las garantías generales. Algunos tribunales provinciales comenzaron a negarse a emitir órdenes de asistencia, y otros tribunales emitieron escritos con mayor especificidad. Los periódicos coloniales se quejaron de que los oficiales británicos estaban saqueando las casas de los colonos, violando la santidad de sus habitaciones y saqueando su privacidad bajo los auspicios de las garantías generales. La noche anterior a la publicación de la Declaración de Independencia, John Adams citó el "argumento relativo a las órdenes de asistencia ... como el comienzo

de la controversia entre Gran Bretaña y América". La Revolución Americana respondió a las preguntas sobre las órdenes de asistencia, pero la Cuarta Enmienda planteó otras preguntas en la recién fundada República. Si la sospecha de un oficial de policía ya no es suficiente para obtener una orden de búsqueda, asit fue en la América colonial, ¿dónde debería trazarse la línea que separa la sospecha de la causa probable? Aunque las órdenes generales ahora están claramente prohibidas, ¿cuán detalladas deben ser las ordenanzas para aprobar la constitución constitucional? La Cuarta Enmienda prohíbe expresamente las búsquedas y decomisos "irrazonables", pero qué criterios La Cuarta Enmienda también deja abierta la cuestión de quién debería revisar las solicitudes de la orden: el poder judicial o alguna otra rama del gobierno. Las respuestas a estas preguntas se exploraron y desarrollaron en un litigio penal en el próximo dos siglos. Las preguntas de la Cuarta Enmienda surgen durante un litigio criminal en la c en el contexto de una audiencia de supresión. Esta audiencia es iniciada por un acusado que le pide a la corte que revise el método por el cual la policía obtuvo pruebas en su contra, y para determinar si esa evidencia sobrevive al escrutinio constitucional. Si la evidencia se obtuvo en violación de la Cuarta Enmienda, generalmente se excluirá del juicio, lo que significa que la fiscalía no podrá presentarla ante el jurado. La doctrina legal bajo la cual se suprime la evidencia obtenida ilegalmente se conoce como la Regla Exclusionary, y su propósito es disuadir POLIC MALDUCTA y proteger a los acusados de ella. La regla de exclusión requiere la supresión no solo de la evidencia que fue el producto directo de la policía ilegal trabajo, sino también de cualquier evidencia que se derive de una fuente contaminada. La supresión de la evidencia derivada contaminada, también conocida como Fruto del Árbol Venenoso, generalmente ocurre cuando la policía obtiene una confesión después de un arresto ilegal o de una búsqueda inconstitucional. Aunque la forma en que se obtuvo la confesión en sí pudo haber sido perfectamente constitucional, la confesión todavía se reprime porque la ley no permite que el gobierno, que la fiscalía representa en un juicio penal, se beneficie de su propia mala conducta. Antes de que un tribunal pueda excluir cualquier evidencia, primero debe determinar si la Cuarta Enmienda incluso se aplica al caso bajo consideración. Deben cumplirse dos requisitos antes de que una búsqueda o incautación particular dé lugar a la protección de la Cuarta Enmienda. En primer lugar, la búsqueda o captura debe haber sido realizada por un agente del gobierno o de conformidad con la dirección del gobierno. Por lo tanto, las acciones de los agentes del orden público estatales y federales o personas privadas que trabajen con agentes del orden público estarán sujetas a las restricciones de la Cuarta Enmienda. Las incitaciones, WIRETAPPING y otras actividades relacionadas de espionaje realizadas por ciudadanos puramente privados, como investigadores privados, no recibirán la protección de la Cuarta Enmienda. En segundo lugar, el acusado debe ser capaz de demostrar que tenía una "expectativa razonable de privacidad" en el lugar que fue buscado o lo que se incautó (Katz v. Estados Unidos, 389 US 347, 88 S. Ct. 507, 19 L. Ed. 576 [1967]). en Katz, el Tribunal Supremo de EE. UU. explicó que "[c] on que una persona exponga a sabiendas al público, incluso en su propio hogar u oficina, no está sujeto a la protección de la Cuarta Enmienda ... .Pero lo que busca conservar como privado, incluso en un área accesible al público, puede estar constitucionalmente protegida. "Aplicando este principio, la Corte ha dictaminado que los ciudadanos estadounidenses mantienen una expectativa razonable de privacidad en el" curtílago "que rodea su hogar, pero no en los" campos abiertos "y "áreas boscosas" que se extienden más allá de esta área (Hester v.United States, 265 US 57, 44S. Ct. 445, 68 L. Ed. 898 [1924]). Una persona puede tener una expectativa razonable de privacidad en el automóvil que él o ella está conduciendo, pero no en artículos que están a la vista desde afuera del vehículo (Coolidge v. New Hampshire, 403 US 443, 91 S. Ct. 2022, 29 L. Ed. 564 [1971]). Tampoco ¿Las personas tienen expectativas razonables de privacidad en las características personales (Estados Unidos v. Dionisio, 410 US 1, 93 S. Ct. 764, 35 L. Ed. 2d 67 [1973]). Por lo tanto, la policía puede exigir que las personas proporcionen manuscritos y ejemplos de voz, así como muestras de huellas dactilares, sin cumplir con los requisitos de justificación o justificación de la Cuarta Enmienda. En Minnesota v. Carter, 525 U.S. 83, 119 S. Ct. 469, 142 L. Ed.2d 373 (1998), el Tribunal Supremo de los EE. UU. Consideró si un agente de policía que había mirado por la ventana de un apartamento a través de un hueco en una ventana cerrada había violado la privacidad de los traficantes de drogas en el apartamento porque tenía una expectativa de privacidad que está protegida por la Cuarta Enmienda. El Tribunal sostuvo que el agente de policía no había violado la Cuarta Enmienda porque los ocupantes del apartamento no habían tenido expectativas de privacidad. Esto fue debido a la f

Los narcotraficantes simplemente utilizaron el apartamento para consumar transacciones comerciales y no tenían ninguna relación personal con el ocupante del apartamento. Sin embargo, el tribunal superior analizó el tema de manera diferente cuando el oficial descubrió el contrabando del servicio de mensajería en un autobús. quien pensó que una bolsa se sentía peculiar. En Bond v. U.S., 529 U.S. 334, 120 S. Ct. 1462, 146 L. Ed.2d 365 (2000), dictaminó que la policía no puede apretar el equipaje de los pasajeros del autobús con el fin de tratar de encontrar drogas ilegales. Las fuerzas del orden obligan a las autoridades a modificar la forma en que inspeccionan el equipaje y los paquetes que llevan o están bajo la custodia de un individuo. La Corte Suprema de Estados Unidos dejó en claro que el gobierno de alta tecnología tiene límites cuando el gobierno tiene la capacidad usar tecnología sofisticada para monitorear sospechosos criminales. En Kyllo v. Estados Unidos, 533 US 27, 121 S. Ct.2038, 150 L. Ed.2d 94 (2001), el Tribunal dictaminó que la policía no podía usar evidencia obtenida mediante el uso de imágenes térmicas sin primero obtener una búsqueda orden. Declaró que una búsqueda sin orden judicial se consideraría "presuntamente irrazonable" y que la evidencia de que la búsqueda producida será inadmisible en el juicio. La policía había recibido un aviso de que Danny Kyllo estaba cultivando marihuana dentro de su casa. Debido a que el cultivo de marihuana requiere el uso de lámparas de alta intensidad, la policía utilizó una cámara termográfica para escanear la residencia de Kyllo. El generador de imágenes detecta la radiación infrarroja, que es invisible a simple vista. La máquina convierte la radiación en imágenes en función del calor relativo. La policía llevó a cabo el escaneo al otro lado de la calle desde la casa de Kyllo, logrando la tarea en solo unos minutos. El escaneo reveló que una parte de su casa era sustancialmente más caliente que cualquier otra unidad en su triplex. Con base en el escaneo, facturas de servicios públicos y consejos de informantes, la policía obtuvo una orden de registro y descubrió que Kyllo había estado cultivando marihuana. El Tribunal Supremo de los Estados Unidos observó que el grado de privacidad garantizado por la Cuarta Enmienda se había visto afectado por los avances tecnológicos. La pregunta se convirtió en "qué límites hay sobre este poder de la tecnología para reducir el ámbito de la privacidad garantizada". En su opinión, las personas tenían una "mínima expectativa de privacidad" de que los interiores de sus hogares no estaban sujetos a búsquedas policiales sin orden judicial. "Por lo tanto, el uso de" tecnología de mejora de los sentidos "podría obtener información que de otro modo solo podría obtenerse una búsqueda física constituía una "búsqueda". Por consiguiente, cualquier información obtenida por la cámara termográfica era producto de una búsqueda. El análisis del Tribunal llevó a la conclusión legal de que dicha búsqueda no era razonable y que solo podía justificarse si se realizaba de conformidad con una orden. Una vez que un tribunal ha determinado que la Cuarta Enmienda es un problema en un caso, a continuación debe decidir si la aplicación de la ley cumplió con los requisitos de la enmienda. Al tomar esta decisión, un tribunal comienza con la premisa de que la Constitución expresa una preferencia por búsquedas realizadas de conformidad con una orden judicial (Mincey v. Arizona, 437 US 385, 98 S.Ct. 2408, 57 L. Ed. 2d 290 [1978]). Las búsquedas realizadas sin una orden judicial son presuntamente no válido, y la evidencia incautada durante una búsqueda sin orden judicial se suprime a menos que la búsqueda sea razonable bajo las circunstancias. El Tribunal Supremo de EE. UU. ha dictaminado que las búsquedas sin orden judicial pueden considerarse razonables en ciertas situaciones. En primer lugar, no se requiere una orden judicial para las búsquedas relacionadas con un arresto legal (United States v. Watson, 423 U.S. 411, 96 S. Ct. 820, 46 L. Ed.2d 598 [1976]). Si un oficial de policía tiene una causa probable para creer que ha ocurrido un crimen, la Cuarta Enmienda permite al oficial arrestar al sospechoso y llevar a cabo un registro de la persona y vestimenta del sospechoso y de todas las áreas dentro del alcance inmediato del sospechoso. Segundo, un oficial de policía que posee una sospecha "razonable" y "articulable" de que un automóvil ha violado una ley estatal o local de tránsito puede detener al conductor y registrar el interior del vehículo, incluida la guantera (Delaware v. Prouse, 440 US 648, 99 S. Ct. 1391, 59 L. Ed. 2d 660 [1979]). El maletero de un vehículo no puede buscarse a menos que un oficial tenga una causa probable para creer que contiene contrabando o los instrumentos de la actividad delictiva. Tercero, un oficial que cree razonablemente que "esa actividad criminal puede estar en marcha" en un lugar público puede detener a un individuo quién es sospechoso de cometer un delito y "realizar una búsqueda cuidadosamente limitada de [la ropa exterior] del sospechoso" por armas que tal vez se usen contra el oficial (TERRY V. OHIO, 392 US 1, 88 S. Ct. 1868, 21 L. Ed. 889 [1968]). En cuarto lugar, los oficiales que están en "persecución" de "delincuentes que huyen" o están recolectando evidencia "evanescente" (evidencia que podría desaparecer fácilmente -por ejemplo, muestras de sangre de conductores ebrios) también se les permite actuar sin obtener primero una orden de registro. las excepciones al requisito de la orden se basan en la necesidad de

Los narcotraficantes simplemente utilizaron el apartamento para consumar transacciones comerciales y no tenían ninguna relación personal con el ocupante del apartamento. Sin embargo, el tribunal superior analizó el tema de manera diferente cuando el oficial descubrió el contrabando del servicio de mensajería en un autobús. quien pensó que una bolsa se sentía peculiar. En Bond v. U.S., 529 U.S. 334, 120 S. Ct. 1462, 146 L. Ed.2d 365 (2000), dictaminó que la policía no puede apretar el equipaje de los pasajeros del autobús con el fin de tratar de encontrar drogas ilegales. Las fuerzas del orden obligan a las autoridades a modificar la forma en que inspeccionan el equipaje y los paquetes que llevan o están bajo la custodia de un individuo. La Corte Suprema de Estados Unidos dejó en claro que el gobierno de alta tecnología tiene límites cuando el gobierno tiene la capacidad usar tecnología sofisticada para monitorear sospechosos criminales. En Kyllo v. Estados Unidos, 533 US 27, 121 S. Ct.2038, 150 L. Ed.2d 94 (2001), el Tribunal dictaminó que la policía no podía usar evidencia obtenida mediante el uso de imágenes térmicas sin primero obtener una búsqueda orden. Declaró que una búsqueda sin orden judicial se consideraría "presuntamente irrazonable" y que la evidencia de que la búsqueda producida será inadmisible en el juicio. La policía había recibido un aviso de que Danny Kyllo estaba cultivando marihuana dentro de su casa. Debido a que el cultivo de marihuana requiere el uso de lámparas de alta intensidad, la policía utilizó una cámara termográfica para escanear la residencia de Kyllo. El generador de imágenes detecta la radiación infrarroja, que es invisible a simple vista. La máquina convierte la radiación en imágenes en función del calor relativo. La policía llevó a cabo el escaneo al otro lado de la calle desde la casa de Kyllo, logrando la tarea en solo unos minutos. El escaneo reveló que una parte de su casa era sustancialmente más caliente que cualquier otra unidad en su triplex. Con base en el escaneo, facturas de servicios públicos y consejos de informantes, la policía obtuvo una orden de registro y descubrió que Kyllo había estado cultivando marihuana. El Tribunal Supremo de los Estados Unidos observó que el grado de privacidad garantizado por la Cuarta Enmienda se había visto afectado por los avances tecnológicos. La pregunta se convirtió en "qué límites hay sobre este poder de la tecnología para reducir el ámbito de la privacidad garantizada". En su opinión, las personas tenían una "mínima expectativa de privacidad" de que los interiores de sus hogares no estaban sujetos a búsquedas policiales sin orden judicial. "Por lo tanto, el uso de" tecnología de mejora de los sentidos "podría obtener información que de otro modo solo podría obtenerse una búsqueda física constituía una "búsqueda". Por consiguiente, cualquier información obtenida por la cámara termográfica era producto de una búsqueda. El análisis del Tribunal llevó a la conclusión legal de que dicha búsqueda no era razonable y que solo podía justificarse si se realizaba de conformidad con una orden. Una vez que un tribunal ha determinado que la Cuarta Enmienda es un problema en un caso, a continuación debe decidir si la aplicación de la ley cumplió con los requisitos de la enmienda. Al tomar esta decisión, un tribunal comienza con la premisa de que la Constitución expresa una preferencia por búsquedas realizadas de conformidad con una orden judicial (Mincey v. Arizona, 437 US 385, 98 S.Ct. 2408, 57 L. Ed. 2d 290 [1978]). Las búsquedas realizadas sin una orden judicial son presuntamente no válido, y la evidencia incautada durante una búsqueda sin orden judicial se suprime a menos que la búsqueda sea razonable bajo las circunstancias. El Tribunal Supremo de EE. UU. ha dictaminado que las búsquedas sin orden judicial pueden considerarse razonables en ciertas situaciones. En primer lugar, no se requiere una orden judicial para las búsquedas relacionadas con un arresto legal (United States v. Watson, 423 U.S. 411, 96 S. Ct. 820, 46 L. Ed.2d 598 [1976]). Si un oficial de policía tiene una causa probable para creer que ha ocurrido un crimen, la Cuarta Enmienda permite al oficial arrestar al sospechoso y llevar a cabo un registro de la persona y vestimenta del sospechoso y de todas las áreas dentro del alcance inmediato del sospechoso. Segundo, un oficial de policía que posee una sospecha "razonable" y "articulable" de que un automóvil ha violado una ley estatal o local de tránsito puede detener al conductor y registrar el interior del vehículo, incluida la guantera (Delaware v. Prouse, 440 US 648, 99 S. Ct. 1391, 59 L. Ed. 2d 660 [1979]). El maletero de un vehículo no puede buscarse a menos que un oficial tenga una causa probable para creer que contiene contrabando o los instrumentos de la actividad delictiva. Tercero, un oficial que cree razonablemente que "esa actividad criminal puede estar en marcha" en un lugar público puede detener a un individuo quién es sospechoso de cometer un delito y "realizar una búsqueda cuidadosamente limitada de [la ropa exterior] del sospechoso" por armas que tal vez se usen contra el oficial (TERRY V. OHIO, 392 US 1, 88 S. Ct. 1868, 21 L. Ed. 889 [1968]). En cuarto lugar, los oficiales que están en "persecución" de "delincuentes que huyen" o están recolectando evidencia "evanescente" (evidencia que podría desaparecer fácilmente -por ejemplo, muestras de sangre de conductores ebrios) también se les permite actuar sin obtener primero una orden de registro. las excepciones al requisito de la orden se basan en la necesidad de...

también se le ha pedido que determine si la forma en que se realiza una búsqueda con una orden puede violar la Cuarta Enmienda. Un área problemática ha sido la pregunta de si la policía debe llamar a la puerta de un sospechoso y anunciar que tienen una orden de arresto, para poder entrar al lugar de manera legal. La regla general es que la policía puede hacer una entrada "no-knock" si existen motivos razonables para tal curso de acción. En Richard sv. Wisconsin, 520U.S. 385, 117 S. Ct. 1416, 137 L. Ed. 615 (1997), el Tribunal Supremo de EE. UU. Se enfrentó a una decisión de la Corte Suprema de Wisconsin que anunció una excepción general al requisito de llamar y anunciar las investigaciones de delitos graves. El tribunal supremo dictaminó unánimemente que tal excepción violaba la Cuarta Enmienda y que socavaba la capacidad de un tribunal de revisión para determinar si una entrada particular de no-golpe había sido razonable. Al tomar esta decisión, el Tribunal rechazó la idea de que el mundo violento de los narcotraficantes justificaba una desviación de la Jurisprudencia de la Cuarta Enmienda. Un año más tarde, la Corte Suprema de EE. UU. Aclaró los estándares a los que se someterá la policía cuando ejecuten "no-knock" búsquedas, en USv Ramirez, 523 US 65, 118 S. Ct. 992, 140 L. Ed.2d 191 (1998). Sostuvo que la Cuarta Enmienda no mantiene a los oficiales a un nivel más alto cuando una entrada "no-knock" resultados en la destrucción de la propiedad. En Ramirez, un tribunal del distrito federal reprimió dos armas que habían sido incautadas como evidencia porque los oficiales de policía habían violado la Cuarta Enmienda y 18U.SCA § 3109, que permite a las autoridades federales dañar propiedades en ciertas instancias. El Tribunal reconoció que la destrucción excesiva o innecesaria de la propiedad durante un registro podría ser una violación de la Cuarta Enmienda "a pesar de que la entrada en sí es legal y los frutos de la búsqueda no están sujetos a suppre "Sin embargo, en ese caso, las acciones de los agentes habían sido razonables, basadas en la información de un informante, ya que los agentes no habían querido que el sospechoso buscara las armas. La policía a menudo justifica una búsqueda e incautación al afirmar que el sospechoso consintió. Una vez más, el Tribunal Supremo de EE. UU. Ha tenido que determinar los límites del consentimiento. En U.S. v. Drayton, 536 U.S. 194, 122 S. Ct. 2105, 153 L. Ed.2d 242 (2002), la Corte revisó una decisión del Onceno Circuito del Tribunal de Apelaciones que invalidó el registro de dos acusados que habían estado en un viaje en autobús a través del país, a pesar de que ambos acusados habían dado su consentimiento. a la búsqueda. El tribunal de apelación concluyó que las circunstancias que rodearon el registro no habían sido suficientemente libres de coacción para servir como base constitucional para la búsqueda. El alto tribunal revocó

CRIMEN DE CUELLO BLANCO ¿LO ES? O ¡NO LO ES ASI! |

la decisión, sosteniendo que los oficiales de policía en el transporte público no necesitan informar a cada pasajero que tienen el derecho de rechazar una búsqueda, palmadita o interrogatorio para que la investigación se mantenga constitucional. Consideró que la distinción entre los límites de un autobús y los espacios abiertos de la calle es irrelevante para las razones por las cuales los ciudadanos eligen cooperar o no. Presumiblemente, los ciudadanos "saben que su participación mejora su propia seguridad y la de quienes los rodean". Las personas que están en libertad condicional generalmente firman un acuerdo que permite a la policía ingresar a sus hogares para asegurarse de cumplir con los términos de la libertad condicional. . Han surgido preguntas sobre cuándo la policía puede buscar a un sujeto en libertad condicional por otro delito si la persona ha firmado un acuerdo de libertad condicional que permite tales búsquedas. La policía y los funcionarios del gobierno han argumentado que pueden realizar un registro sin una orden si creen que el sospechoso ha cometido un nuevo delito. Los acusados penales han argumentado que los acuerdos de libertad condicional que requieren que se presenten a las búsquedas en cualquier momento solo se aplican a las búsquedas que tienen un propósito de prueba en lugar de un propósito de investigación. El Tribunal Supremo de EE. UU., En United States v. Knights, 534 U.S.112, 122 S. Ct. 587, 151 L. Ed.2d 497 (2002), se negó a emitir una regla de línea brillante en esta disputa pero concluyó que cuando la policía tiene una sospecha razonable y el acuerdo de libertad condicional autoriza las búsquedas, la búsqueda es razonable bajo la Cuarta Enmienda. En cambio, el Tribunal aplicó su análisis tradicional para juzgar si una búsqueda sin orden judicial era razonable. Este enfoque de "totalidad de las circunstancias" analiza la intrusión de la privacidad individual y la contrasta con "intereses gubernamentales legítimos". Otras lecturasBrandveen, Antonio I. 1998. "El perfil criminal pesa demasiado en los derechos de la Cuarta Enmienda". New York Law Journal (9 de septiembre). Cunningham, Clark D. 1988. "Un análisis lingüístico de los significados de 'Buscar' en la Cuarta Enmienda: Una búsqueda del sentido común". Iowa Law Review 73. Gerarn, Anne. 2001. "La policía necesita autorización para usar sensores de calor". Mujergo Daily Law Bulletin (11 de junio). LaFave, Wayne y Jerald Israel. 1992. Procedimiento penal. 2d ed. St. Paul, Minn .: West / Wadsworth.Levy, L

leonard. 1988. Original intención y la Constitución de los autores. Nueva York: Macmillan.O'Neill, Timothy P. 2001. "La cuarta prueba de enmienda necesita una revisión basada en la confianza". Mujergo Daily Law Bulletin (13 de julio).).

386

Salmo 94

rey james versión rva Salmo 94 King James Version (KJV)

94 Oh Señor Dios, a quien pertenece la venganza; Oh Dios, a quien pertenecía la venganza, muéstrate.

2 Levántate, juez de la tierra: rinde recompensa a los soberbios.

3 SEÑOR, ¿hasta cuándo los malvados, cuánto tiempo triunfará el impío?

4 ¿Hasta cuándo hablarán y hablarán cosas difíciles? y todos los que hacen iniquidad se jactan a sí mismos?

5 Destrozan a tu pueblo, oh SEÑOR, y afligen tu heredad.

6 Matan a la viuda y al extraño, y asesinan al huérfano.

7 Sin embargo, dicen: El Señor no verá, ni el Dios de Jacob lo tendrá en cuenta.

8 Entiende, bruto entre la gente; y necios, ¿cuándo serás sabio?

9 El que plantó la oreja, ¿no oirá? el que formó el ojo, ¿no verá?

10 El que castigó a los paganos, ¿no corregirá? el que enseña conocimiento al hombre, ¿no lo sabrá él?

11 Jehová conoce los pensamientos del hombre, que son vanidad.

12 Bienaventurado el hombre a quien has castigado, oh Jehová, y le enseñas de tu ley;

13 para que le des el reposo desde los días de la adversidad, hasta que se cave el pozo para los impíos.

14 Porque el SEÑOR no desechará a su pueblo, ni dejará su heredad.

15 Pero el juicio volverá a la justicia, y todos los rectos de corazón lo seguirán.

16 ¿Quién se levantará contra los malhechores? ¿O quién me defenderá contra los que hacen iniquidad?

17 A menos que el SEÑOR hubiera sido mi ayuda, mi alma casi había morado en silencio.

18 Cuando dije, mi pie se resbala; tu misericordia, oh SEÑOR, me sostuviste.

19 En la multitud de mis pensamientos dentro de mí, tus comodidades deleitan mi alma.

20 ¿Tendrá comunión el trono de iniquidad con ti, que en infracción promulga la ley?

21 Se juntan contra el alma de los justos y condenan la sangre inocente.

22 Pero el SEÑOR es mi defensa; y mi Dios es la roca de mi refugio.

23 Y él traerá sobre ellos su propia iniquidad, y los cortará en su propia maldad; sí, el SEÑOR nuestro Dios los cortará.

Versión King James (KJV)

Dominio publico

Dios es como detergente; Él saca las manchas que otros dejan atrás

La vida continua:

Viví como "Dios" nos quiere y el mundo no quiere.

Aprendí sus mandamientos, pero otros quieren no saber. Las personas malvadas me castigaron, prefieren ignorar las buenas acciones que recordaré aquellas que no se pueden ocultar con un pulgar.

Tomaron todas mis pertenencias. Me llevaron todo el camino directo al infierno. El infierno no puede soportar la luz. La luz se iluminará, y la oscuridad tendrá que correr.

No dejes que tu Alma también corra, confía en Goad, ha resucitado, y él también me hizo. Vive la vida al máximo y en breve morirá. Vive en el bien, vive eternamente

Recuerdo haber estado allí. Estaba en una habitación cerrada mirando por la ventana el interior de la prisión y todos caminaron libres. Si bien no tenía idea de cómo funcionaba todo, y lo peor eran mis abogados, los que estarían allí para mí de mi lado, no solo defendiéndome sino guiándome durante todo este tiempo y entendiendo "la justicia". Eran ellos eso me dio a la Persecución en un plato de plata, dejándome hacer lo que quisieran y abusar de todos mis derechos legales y derechos humanos. Solo, nadie con quien hablar para comprender lo que iba a pasar o cómo podría quejarme y tener algunos de mis derechos y respeto. NO, solo y sin conocer las leyes. Odio el estudio de la "ley" y siempre traté de llegar lo más lejos que pude de algo de esto. Es curioso que me arrastraron a eso y no tenía idea de estas leyes ni de ningún otro país.

Entonces, mi pregunta es:

Casos

1. 31 de diciembre de 2009- 18 -

2.

3. 0 Solo como una tasa de condenas del 99 %.- OpEdNews

https://www.opednews.com/articles/How-Many-Convicted-

Felons-by-Barry-Sussman-

Crime_Criminal_Disenfranchisement_Felons-140507-368.html

Consideraciones de seguridad para el Campo magnético y sistema de

MR ....

http://www.ismrm.org/smrt/chapters/southcarolina/SC20

11MR07.pdf4. 5. 93 De acuerdo con la Oficina de Estadísticas de

Justicia del Departamento de Justicia 93

https://felonvoting.procon.org/view.resource.php?resourceID=000

2876. us.vocuspr.com.

http://us.vocuspr.com/Publish/514097/Forward_514097_1549999

.htm7. 8. Comey .- James Comey consigue un contrato de libro -

Los Angeles Times. http://www.latimes.com/books/jacketcopy/la-et-jc-james-comey-20170802-story.html9. Referencias cruzadas10. Derecho penal; Procedimiento Criminal; Mapp v. Ohio; Detener y Frisk.11. Frontline "The Plea 2004" PBS12. John Oliver (HBO) 8/6/2018 YouTube https://www.youtube.com/watch?time_continue=1183&v=ET_b7 8GSBUsTHE OFFERLa oferta Ir a mi sitio web y obtener un e-book con la compra (recibo) de este libro. (uno por compra)

LA OFERTA

En nuestra pagina electronica puede usted obtene un e-book con su compra y su recibo de la compra de este libro. (limidado a uno por compra)

Para un libro de pasta dura autografiado por la escritora por favor dirijase a:
www.AnnaizaBethGerwald.com   al 30% de descuento mas cobro de envios.

Donaciones para este o otros libros relacionados son aceptadas y seran enviadas al personaje y/o otros libros para presentar amor y una moral mejor.

Ps. Menos gastos y distribuciones.

Este atento a otros libros muy pronto...

PRECIO $24.99 USA
(2018) SOFTCOVER

ISBN: 13:978-1-7328471-0-1 English Softcover 2018